Ayda Saidane

Contributions à la tolérance aux intrusions sur Internet

Ayda Saidane

Contributions à la tolérance aux intrusions sur Internet

Conception et réalisation d'une architecture générique pour les serveurs Internet

Presses Académiques Francophones

Impressum / Mentions légales
Bibliografische Information der Deutschen Nationalbibliothek: Die Deutsche Nationalbibliothek verzeichnet diese Publikation in der Deutschen Nationalbibliografie; detaillierte bibliografische Daten sind im Internet über http://dnb.d-nb.de abrufbar.

Information bibliographique publiée par la Deutsche Nationalbibliothek: La Deutsche Nationalbibliothek inscrit cette publication à la Deutsche Nationalbibliografie; des données bibliographiques détaillées sont disponibles sur internet à l'adresse http://dnb.d-nb.de.

Coverbild / Photo de couverture: www.ingimage.com

Verlag / Editeur:
Presses Académiques Francophones
ist ein Imprint der / est une marque déposée de
AV Akademikerverlag GmbH & Co. KG
Heinrich-Böcking-Str. 6-8, 66121 Saarbrücken, Deutschland / Allemagne
Email: info@presses-academiques.com

Herstellung: siehe letzte Seite /
Impression: voir la dernière page
ISBN: 978-3-8381-7154-8

À mes parents pour tout leur amour et leur soutien

À ceux qui m'aiment et qui attendent avec impatience ma réussite

En espérant être toujours à la hauteur de leurs attentes et de leurs espérances

Ayda

Remerciements

Les travaux présentés dans ce manuscrit ont été effectués au Laboratoire d'Analyse et d'Architecture des Systèmes du Centre National de la Recherche Scientifique (LAAS-CNRS). Je tiens à remercier Monsieur Jean-Claude Laprie et Monsieur Malik Ghallab, Directeurs de recherche CNRS, qui ont assuré la direction du LAAS-CNRS entre 2001 et 2005, de m'avoir permis d'accomplir mes travaux dans ce laboratoire.

Je remercie également Monsieur David Powell et Monsieur Jean Arlat, Directeurs de recherche CNRS, responsables successifs du groupe de recherche Tolérance aux fautes et Sûreté de Fonctionnement informatique (TSF) pour leur accueil et pour la confiance qu'ils m'ont accordée. J'exprime ma reconnaissance à Monsieur David Powell qui a permis ma venue au LAAS et qui avec ses qualités scientifiques et humaines m'a fait découvrir et apprécier la recherche pendant mon premier séjour dans le groupe.

J'exprime ma profonde reconnaissance à Monsieur Yves Deswarte, Directeur de Recherche CNRS, et Monsieur Vincent Nicomette, Maître de Conférences à l'INSA de Toulouse, qui ont dirigé mes travaux de thèse, pour m'avoir encadré et soutenu tout au long de cette thèse. Je les remercie pour leurs conseils, leur soutien et leur disponibilité. Je tiens également à souligner leurs compétences scientifiques dont j'ai beaucoup tiré parti. Je les remercie tous deux pour leur soutien constant et la confiance qu'ils m'ont toujours témoignée. Leurs lectures attentives des différentes versions du manuscrit et leur aide dans les moments de doute ont fortement contribué au bon déroulement des travaux présentés dans ce mémoire. Qu'ils trouvent ici un témoignage de mon estime et de ma reconnaissance.

Je tiens à remercier Al Valdes, Josh Levy, Steven Cheung et Magnus Almgren et leurs collègues de SRI International pour leur aide et leurs conseils. Ces travaux s'inscrivent dans le cadre du projet DIT (Depandable Intrusion Tolerance) mené en collaboration avec SRI International. Ce fut une expérience extrêmement enrichissante. J'ai énormément apprécié le travail en groupe avec les partenaires du projet au niveau scientifique et humain. J'ai tiré de nombreux enseignements de leurs compétences et de leurs expériences.

Je voudrai remercier Bastien Continsouzas pour son aide précieuse à l'implémentation de l'architecture. Je suis reconnaissante à Vincent Nicomette et Cristophe Zanon pour leur aide à la préparation de la démonstration.

Table des matières

4

Introduction générale

La connexion de systèmes critiques à Internet pose de sérieux problèmes de sécurité. En effet, les techniques classiques de protection sont souvent inefficaces dans ce nouveau contexte. L'environnement Internet est principalement caractérisé par l'imprédictibilité des nouvelles attaques et surtout par le grand nombre d'attaquants potentiels. Les moyens classiques de protection des systèmes informatiques sont généralement basés sur le principe de la *prévention* des fautes accidentelles et des malveillances qui correspondent aux intrusions (attaques actives). Dans le cadre de réseaux ouverts, tels qu'Internet, ces approches ont montré leur limite: on sait que de nouvelles attaques, plus performantes, voient le jour régulièrement et parviennent à mettre en défaut ces mécanismes de protection. Il faut dès lors envisager que certains serveurs puissent être l'objet d'attaques réussies. Pour que de telles attaques ne puissent interrompre ou corrompre le service fourni aux utilisateurs légitimes, il faut mettre en œuvre de nouvelles solutions.

Dans ce contexte, il est donc important de prévoir, dès la conception du système, l'utilisation des mécanismes de prévention de fautes, pour se prémunir des attaques connues. Mais il faut aussi prendre en compte des attaques inconnues et nouvelles qui pourraient réussir à s'infiltrer dans le système: pour cela, il faut mettre en place des mécanismes pour les tolérer en les détectant puis en isolant les composants corrompus, de façon à empêcher la propagation de l'attaque aux autres parties du système. Pour que la réaction du système à ce type d'attaques puisse être la mieux adaptée possible, il faut que le système ait des capacités de diagnostic précis. L'interprétation du résultat doit permettre une reconfiguration optimale du système, en essayant de limiter le plus possible les répercussions sur les performances perçues par les utilisateurs.

Pour atteindre ces objectifs, nous proposons de mettre en œuvre aussi bien des moyens de prévention comme les pare-feux que des mécanismes de tolérance aux intrusions, basés sur des mécanismes de redondance avec diversification. Pour permettre une meilleure flexibilité et adaptabilité, nous avons choisi une politique qui s'adapte au niveau d'alerte du système pour utiliser au mieux les ressources matérielles et logicielles.

Ce livre se situe dans le cadre du projet DIT (*Dependable Intrusion Tolerance*) en collaboration avec *SRI International*. Ce projet s'inscrit dans le programme OASIS (*Organically Assured and Survivable Information Systems*) de la DARPA[1] qui a pour objectif de concevoir, développer et valider des architectures, outils et techniques de tolérance aux intrusions, en particulier à partir de composants commerciaux (COTS). Dans ce contexte, nos travaux concernent la conception et la validation d'une architecture générique, tolérant les intrusions, qui peut constituer un cadre général pour la mise en œuvre de systèmes d'information sûrs. Nous détaillons le cas particulier de serveurs Web tolérant les intrusions.

---

[1] 1 US Defense Advanced Research Agency

Nous avons abouti à deux architectures que nous présentons dans ce manuscrit, la première architecture, développée majoritairement à SRI, est destinée à des serveurs à contenu statique. Dans cette première architecture, aucune mise à jour n'est admise pendant le fonctionnement du système. Ceci correspond au fonctionnement d'un serveur Web mettant à la disposition du public des informations stables, rarement mises à jour. Mais certaines applications nécessitent la manipulation de données dynamiques qui provoquent des modifications dans l'état du système. Un exemple typique est celui d'une agence de voyage sur Internet: des réservations, des modifications, des annulations sont faites en temps réel et des bases de données sont modifiées des centaines de fois par jour. À un instant t, il faut que l'état de la base de données reflète la situation réelle des places réservées et des places disponibles pour ne pas réserver des places plusieurs fois ou refuser des réservations alors qu'il y a des places disponibles. Pour cette raison, nous avons étendu l'architecture pour gérer des données dynamiques. Cette deuxième architecture est majoritairement développée au LAAS.

Notre architecture est composée d'un ou plusieurs mandataires identiques, qui représentent l'élément principal implémentant notre politique de tolérance, d'un ensemble de serveurs d'applications qui exécutent des logiciels commerciaux (COTS) fournissant les services demandés par les clients et d'un ensemble de mécanismes de détection d'erreurs (y compris des systèmes de détection d'intrusion).

Cette architecture est basée sur les techniques de redondance avec diversification. La diversification renforce les capacités du système à faire face aux attaques. En effet, une attaque vise généralement des failles spécifiques à un certain système d'exploitation, une certaine application ou une certaine plateforme matérielle et s'avère inefficace sur les autres. En disposant de serveurs redondants et diversifiés, le système est capable de survivre aux attaques qui ne peuvent corrompre qu'une partie de ces serveurs alors que les autres continuent à fonctionner normalement.

L'originalité de cette architecture réside dans son adaptabilité. En effet, en fonction de la situation courante du système (niveau d'alerte), les mandataires peuvent adapter le niveau de redondance ainsi que la fréquence et la sévérité des contrôles. Nous parvenons ainsi à réaliser un bon compromis entre sécurité et performance, la sécurité du système étant toujours prioritaire.

Ce manuscrit est structuré en quatre chapitres:

- Le premier chapitre s'intéresse à l'évolution de la sécurité informatique depuis les approches classiques basées sur une protection forte jusqu'aux nouvelles approches de tolérance aux intrusions. Dans ce chapitre, nous présentons aussi synlivre de l'état actuel de la sécurité sur Internet.

- Le deuxième chapitre concerne la tolérance aux intrusions. Dans une première partie, nous introduisons les concepts de la sûreté de fonctionnement informatique et les techniques de tolérance aux fautes. Ensuite, nous présentons une adaptation de ses concepts aux malveillances et nous présentons quelques mécanismes de tolérance aux intrusions. La dernière partie de ce chapitre présente quelques architectures tolérantes aux intrusions.

- Le troisième chapitre présente l'architecture tolérant les intrusions que nous avons développée. Nous détaillons la structure et les fonctionnalités de chaque composant de l'architecture. Nous présentons aussi notre politique de tolérance aux intrusions en donnant des exemples des modes de recouvrement de la corruption de certains composants du système.

- Le quatrième chapitre s'intéresse à l'implémentation d'un prototype. Nous détaillons la mise en œuvre de l'architecture et nous présentons quelques résultats des performances du système dans différentes configurations.

Chapter 1. La sécurité informatique: de la prévention à la tolérance aux attaques

Dans ce chapitre, nous présentons les concepts de base de la sécurité informatique. Nous définissons les propriétés primordiales de la sécurité informatique: disponibilité, confidentialité et intégrité. Ensuite nous définissons les principales menaces vis-à-vis de la sécurité informatique à savoir les vulnérabilités et les attaques. La deuxième partie du chapitre concerne les politiques de sécurité; nous présentons les différents types de politiques d'autorisation, qui ont pour but d'assurer la confidentialité ou l'intégrité du système, et quelques travaux concernant les politiques de disponibilité. Ensuite, nous présentons des exemples d'architectures mettant en œuvre ces politiques de sécurité. La dernière partie s'intéresse à la sécurité sur Internet.

1.1. Définitions

La sécurité d'un système informatique est considérée comme la combinaison de trois propriétés [ITSEC 91]: la confidentialité, l'intégrité, et la disponibilité de l'information. Notons que ces trois propriétés se rapportent à l'information, et le terme d'information doit être pris ici dans son sens le plus large, couvrant non seulement les données et les programmes, mais aussi les flux d'information, les traitements, et la connaissance de l'existence de données, de programmes, de traitements, de communications. Cette notion d'information doit aller jusqu'à couvrir le système informatique lui-même, dont parfois l'existence doit être tenue secrète (confidentialité). Pour être plus précis, il convient de distinguer *informations* et «*méta-informations*», les informations correspondent à des données identifiées alors que les méta-informations correspondent à des informations indirectes reliées aux informations ou aux services. Bien évidemment, ce qui est métainformation à un niveau d'abstraction donné (par exemple, une application) peut être une information réelle à un niveau plus bas (par exemple, le système d'exploitation).

Donnons quelques exemples de méta-informations:

- l'instant de délivrance d'un service, ou de la création, modification ou destruction d'un élément d'information,

- l'identité de la personne qui a réalisé une opération, le créateur d'un élément d'information,

- l'auteur d'un document, l'expéditeur ou le récepteur d'un message,

- l'emplacement ou l'adresse d'un élément d'information, d'une entité ou d'un dispositif de communication,

- l'existence d'un élément d'information ou d'un service,

- l'existence d'un transfert d'information, d'un canal de communication, ou d'un message, l'occurrence d'une opération,

- le niveau de sensibilité d'un élément d'information, ou d'une méta-information,

- la certitude ou le niveau de crédibilité d'un élément d'information ou d'une méta-information, etc.

Assurer la sécurité d'un système consiste à garantir la conservation d'un certain nombre de propriétés de sécurité définissant les caractéristiques de confidentialité, d'intégrité, et de disponibilité qui doivent être maintenues dans le système. Ceci implique d'empêcher la réalisation d'opérations illégitimes contribuant à mettre en défaut ces propriétés, mais aussi de garantir la possibilité de réaliser des opérations légitimes dans le système. Ces propriétés font partie de la politique de sécurité du système. Assurer la sécurité du système, c'est donc faire en sorte que les propriétés de sécurité soient toujours vérifiées.

1.1.1. Confidentialité

La confidentialité peut être définie comme la propriété d'une information de ne pas être révélée à des utilisateurs non autorisés à la connaître. Assurer la confidentialité, c'est faire en sorte que les informations soient inaccessibles ou incompréhensibles pour des utilisateurs non désignés comme autorisés à y accéder [Deswarte et al. 03]. Ceci correspond à empêcher un utilisateur de lire une information confidentielle qu'il n'est pas autorisé à connaître mais aussi à empêcher un utilisateur autorisé à lire une information de la divulguer à d'autres utilisateurs non autorisés à y accéder. Garantir la confidentialité revient à assurer que tous les canaux d'informations sont sécurisés, c'està-dire que tous les chemins que peut prendre l'information pour circuler dans le système ou vers l'extérieur sont contrôlés. Ceci entraîne des contraintes fortes et des coûts souvent incompatibles avec les besoins réels; dans la plupart des cas, on ne s'occupera que de sécuriser un certain nombre de ces canaux.

La confidentialité des informations peut être mise en défaut par des fautes intentionnelles mais aussi par des fautes accidentelles. Un exemple de divulgation d'informations par faute accidentelle est le cas d'un utilisateur qui se trompe dans la destination du message électronique et envoie une information sensible à tout le personnel de son entreprise alors qu'il voulait juste l'envoyer à une personne de confiance.

1.1.2. Intégrité

L'intégrité de l'information est la propriété qu'elle soit « correcte », c'est-à-dire qu'elle reflète la réalité, tout le temps. Cela signifie que le système informatique doit permettre les actions autorisées, forcer les actions obligatoires et empêcher les actions malveillantes afin de garantir l'intégrité des informations stockées dans ce système. En particulier, il doit:

- forcer la création d'une information devant être créée,
- permettre la création autorisée de l'information,
- permettre une modification autorisée de l'information,
- empêcher une modification indue de l'information, c'est-à-dire une modification par des utilisateurs non autorisés ou une modification incorrecte par des utilisateurs autorisés,
- faire en sorte qu'aucun utilisateur ne puisse empêcher la modification légitime de l'information; par exemple, empêcher la mise à jour périodique d'un compteur de temps serait une atteinte contre l'intégrité.

Pour assurer cette propriété, le système doit mettre en œuvre des mécanismes garantissant la création légitime de l'information, des mécanismes vérifiant que les mises à jour effectuées sont autorisées et valides, des mécanismes garantissant la réalisation des mises à jour devant être effectuées ainsi qu'éventuellement des mécanismes vérifiant la correspondance entre l'information et ce qu'elle représente.

Cette définition peut être interprétée dans un sens très général. En particulier, des opérations non autorisées peuvent affecter aussi bien des parties physiques du système que des parties logiques. Le premier type d'altération consiste à modifier un composant physique, par exemple la modification d'une carte à puce par faisceau ionique. Nous nous intéressons tout particulièrement aux altérations qui portent sur les parties logiques du système, c'est-à-dire les programmes et les informations.

Ainsi définie, l'intégrité des informations peut être mise en défaut par des fautes intentionnelles mais aussi par des fautes accidentelles. Dans le cadre des fautes intentionnelles, il est nécessaire d'empêcher toute altération non autorisée de l'information. De plus, même si un utilisateur est autorisé à modifier une donnée, il faut empêcher les abus de pouvoir, c'est-à-dire empêcher que cet utilisateur, par exemple un administrateur système, ne profite de ses droits pour altérer une information de manière inappropriée. Dans le cadre des fautes accidentelles, on doit s'assurer que chaque programme se comporte de manière correcte, c'est-à-dire conformément aux fonctions qu'il est censé remplir, y compris dans ses interactions avec les autres processus. Cela revient à dire qu'il doit être suffisamment fiable pour qu'on puisse assurer qu'il n'effectuera pas une action non conforme au bon fonctionnement du système.

Une atteinte contre l'intégrité vise, soit à introduire de fausses informations soit, à provoquer des erreurs en modifiant ou en détruisant l'information, pour que le service délivré par le système produise un bénéfice pour l'attaquant, au détriment des utilisateurs autorisés. C'est typiquement le cas des fraudes informatiques, où l'attaquant essayera de faire en sorte que les erreurs qu'il introduit ne soient pas détectables et que les défaillances qui en résultent ne soient pas identifiables.

1.1.3. Disponibilité

La disponibilité est la propriété d'une information d'être accessible lorsqu'un utilisateur autorisé en a besoin. Cela signifie que le système informatique doit:

- fournir l'accès à l'information pour que les utilisateurs autorisés puissent la lire ou la modifier, et

- faire en sorte qu'aucun utilisateur ne puisse empêcher les utilisateurs autorisés d'accéder à l'information.

La disponibilité implique l'intégrité, puisqu'il ne servirait à rien de rendre accessible une information fausse. La disponibilité implique également des contraintes plus ou moins précises sur le temps de réponse du système. La propriété de disponibilité s'applique aussi au service fourni par le système informatique.

L'accès au système peut être interrompu par des fautes accidentelles: par exemple, une faute de programmation dans une application ou bien un événement extérieur au système (par exemple: coupure d'électricité, incendie ou tremblement de terre). Il peut également être interrompu par des fautes intentionnelles, par exemple, un déni de service qui a pour but d'empêcher le système de remplir le service approprié. Ces fautes correspondent à une destruction volontaire, que ce soit du matériel, des données, des messages, des moyens de communication, ou des processus de traitement, afin d'empêcher le système de fournir le service attendu.

Comme l'intégrité, la disponibilité est une propriété relative aux fautes accidentelles et intentionnelles. Cependant, les moyens pour assurer cette propriété peuvent être différents pour les deux classes de fautes. La disponibilité est souvent négligée dans la conception des systèmes critiques vis-à-vis de la sécurité et quand elle est prise en compte, les fautes intentionnelles sont généralement les seules classes de fautes prises en considération. Or du point de vue de l'utilisateur, ce ne sont pas les fautes qui sont perçues, mais bien les défaillances qui en résultent. Il est donc absolument nécessaire de tolérer ou de prévenir à la fois les fautes accidentelles et les fautes intentionnelles si l'on veut assurer la disponibilité d'un système. La disponibilité n'a pas été le souci principal de la communauté de la recherche en sécurité, puisque l'accent était principalement mis soit sur la confidentialité dans le domaine militaire soit sur l'intégrité dans le domaine financier.

1.1.4. Autres propriétés de sécurité

D'autres propriétés de sécurité sont parfois à prendre en compte, telles que la responsabilité, l'intimité, l'authenticité, l'auditabilité, etc. Ces propriétés peuvent être définies en termes de propriétés de confidentialité, d'intégrité et de disponibilité d'informations ou de méta-informations.

Par exemple, la propriété de responsabilité (*accountability* en anglais) peut être exprimée en termes de disponibilité et d'intégrité d'un ensemble de méta-informations concernant l'existence d'une opération, l'identité de la personne qui a réalisé l'opération, l'instant de l'opération, etc. L'intimité (*privacy* en anglais) concerne le respect des libertés individuelles et la protection de la vie privée. Elle se rapporte directement à la confidentialité d'informations (données nominatives ou à caractère personnel) et de méta-informations (identité de l'utilisateur qui a effectué une certaine opération, qui a émis ou reçu un certain message, etc.).

L'anonymat (*anonymity* en anglais) correspond à la confidentialité de l'identité de la personne qui a réalisé une opération.

L'analyse du trafic est une attaque contre la confidentialité de méta-informations de communication, en vue d'obtenir connaissance de l'existence d'un canal, d'un message, des identités, emplacements ou adresses de l'émetteur et du récepteur d'un message, de la durée de la communication, etc.

L'authenticité (*authenticity* en anglais) est la propriété d'être « vrai ». Pour un message, l'authenticité est équivalente à l'intégrité à la fois du contenu du message (intégrité des informations) et de son origine, ainsi qu'éventuellement d'autres méta-informations telles que l'instant d'émission ou le niveau de classification (intégrité des métainformations). De la même manière, un document est authentique si son contenu n'a pas été altéré (intégrité des informations) et optionnellement si l'auteur déclaré est vraiment l'auteur et non un plagiaire, si la date de publication est correcte, etc. (intégrité des métainformations). De la même manière, un utilisateur prétendu est authentique si l'identité déclarée est bien la bonne identité de cette personne.

L'authentification est le processus qui donne confiance dans l'authenticité.

L'auditabilité et les propriétés qui en sont dérivées (imputabilité, irréfutabilité, etc.) [Trouessin 00] correspondent à la disponibilité et à l'intégrité d'un ensemble de métainformations relatives à l'existence d'une opération, à l'identité de la personne qui a réalisé l'opération, à l'instant de l'opération, etc.

La propriété de non-répudiation (*non-repudiation* en anglais) garantit qu'une personne ayant réalisé une opération dans le système ne puisse nier l'avoir réalisée. Elle correspond à la disponibilité et à l'intégrité de certaines méta-informations, par exemple l'identité de la personne qui a effectué l'opération.

1.2. Vulnérabilités et attaques

De nos jours, les applications deviennent de plus en plus complexes et l'intégration de composants sur étagère (COTS) est une pratique courante même dans le cadre de développement de systèmes critiques. La conséquence directe de cette pratique est l'augmentation des failles de sécurité dans ces systèmes. En effet, l'évolution du nombre de vulnérabilités ne cesse d'augmenter: en 2000, 1090 vulnérabilités ont été identifiée, par le CERT (Computer Emergency Response Team), alors qu'en 2003, ce chiffre a triplé, atteignant 3784 vulnérabilités.

Une vulnérabilité dans un système informatique est une partie de celui-ci pouvant être exploitée pour violer des propriétés de sécurité. Les vulnérabilités peuvent être accidentelles ou intentionnelles. Les vulnérabilités d'origine accidentelles correspondent à différentes formes d'erreurs logiques qui peuvent survenir pendant la programmation ou le fonctionnement du système (exemple: les erreurs de configuration). Les vulnérabilités d'origine intentionnelle peuvent être d'origine malveillante ou non. Pour les vulnérabilités d'origine malveillante, il s'agit de différentes fautes ou des fonctionnalités introduites dans le système dans l'objectif d'être utilisées ultérieurement pour l'attaquer: par exemple, les attaques de types cheval de Troie ou bombe logique[2]. Pour les vulnérabilités intentionnelles d'origine non malveillante, il s'agit généralement des fonctionnalités introduites, dans le système, dans des conditions particulières pour accomplir une certaine mission avec le minimum de risques. Par exemple, un directeur qui part en vacances et il a besoin que sa secrétaire lise son email et l'informe en cas d'urgence. Pour lui donner le droit de lire son email, il y a deux solutions: 1) lui donner son mot de passe, 2) l'ajouter dans le fichier «.rhosts». Dans cette situation, il va opter pour la deuxième solution qui représente une mesure de sécurité même si cette solution constitue une vulnérabilité.

Il y a en particulier cinq problèmes qui sont à l'origine de 90% des vulnérabilités dans les systèmes informatiques [Wong 02]. Ces problèmes sont connus depuis des années malheureusement, ils

---

[2] Les définitions précises de ces attaques sont données dans le chapitre 2

figurent toujours à la tête des vulnérabilités les plus exploitées par les attaquants:

- *Le débordement de tampon ou de pile:* il s'agit probablement de la faute de programmation la plus souvent exploitée par les attaquants. Le débordement de tampon peut être exploité pour forcer un programme à exécuter un code malicieux à la place de son code original.

- *Les vulnérabilités liées au formatage des chaînes de caractères:* il s'agit d'une nouvelle classe de vulnérabilités, découverte récemment. Les formats des chaînes de caractères sont des structures utilisées dans les programmes C et C++ pour formater les entrées/sorties. Ils contiennent des identificateurs spéciaux (par exemple: %spour les chaînes de caractères, %d pour les entiers) qui peuvent être exploités par les attaquants pour révéler des informations sur les appels dans la pile ou les variables utilisées dans les fonctions. En particulier, l'identificateur %n peut être utilisé pour écraser des données en mémoire ce qui conduit aux mêmes problèmes du débordement de tampon.

- *L'authentification* est un composant critique pour la sécurité d'un système informatique. Authentifier incorrectement un utilisateur neutralise tous les autres mécanismes de sécurité comme le chiffrement, l'audit ou l'autorisation. L'erreur la plus courante pour l'authentification est l'utilisation de faibles preuves d'authentification pouvant être forcées par un attaquant (par exemple: un mot de passe facile à deviner). .

- *L'autorisation* est le mécanisme qui contrôle les permissions d'accès aux ressources en se basant sur l'identité d'un utilisateur déjà authentifié. Parmi les erreurs les plus communes, on peut citer:

1. une mise en œuvre insuffisamment sûre: c'est le cas quand un identificateur est exigé pour l'autorisation et qu'on suppose que celui-ci ne peut pas être deviné ou changé. Par exemple, un test sur une application bancaire sur le Web a montré que le serveur Web utilise une variable JavaScript pour stocker le numéro du compte. En changeant simplement cette variable il est possible d'éditer des informations concernant d'autres comptes;

2. trop de confiance dans les informations fournies par l'utilisateur: par exemple, un serveur Web qui se base sur l'utilisation des Cookies *http* dans le processus d'autorisation, sachant que leur contenu est facilement falsifiable. Une telle action met en danger la sécurité sur le serveur Web;

3. les erreurs de forme non canonique: la majorité des mécanismes de contrôle d'accès sont basés sur les preuves d'authentification et les ressources demandées. Plusieurs vulnérabilités sont liées à des erreurs de forme non canonique: par exemple, une application peut refuser l'accès d'un utilisateur au fichier /secure/secret.txt et l'autoriser à accéder au fichier /public/../secure/secret.txt.

- *Le chiffrement:* une grande confiance est placée dans les algorithmes cryptographiques et leur robustesse. Cependant, il est difficile de trouver des programmeurs aussi compétents en mathématique qu'en informatique. Ce qui signifie qu'il est possible qu'une erreur survienne lors de la conception ou de la mise en œuvre d'un algorithme de chiffrement. Une telle erreur fragilise considérablement la sécurité de l'application.

Les vulnérabilités sont les portes d'entrées du système informatique pour les attaquants. On pourrait penser que les attaquants sont à la recherche de vulnérabilités inconnues par les développeurs ou les administrateurs, mais dans la réalité, la majorité des attaques sont effectuées en exploitant des vulnérabilités connues qui n'ont pas été corrigées. De plus, les attaquants sont de plus en plus rapides à préparer leurs attaques dès qu'une nouvelle vulnérabilité est annoncée. Par exemple, le ver Slammer (2003) a été lancé 6 mois après la découverte de la vulnérabilité alors que le ver Witty (2004) a été lancé 24 heures seulement après l'annonce de cette vulnérabilité.

Les menaces mettant en danger la sécurité du système peuvent être aussi bien d'origine externe ou interne [Anderson 80]. Les menaces externes correspondent aux attaquants externes qui n'ont pas le droit de réaliser des opérations à l'intérieur de celui-ci. Les menaces internes correspondent à un utilisateur autorisé qui agit illégitimement pour s'octroyer plus de pouvoir ou un utilisateur privilégié qui agit avec malveillance et abuse de son pouvoir. Les statistiques montrent que 70% des attaques au sein des entreprises sont dues à des malveillances du personnel [Pescatore 02].

Pour améliorer le niveau de sécurité dans les systèmes, il faut prendre en compte les exigences de sécurité dès l'étape de spécification et tenir compte de ces exigences tout au long du processus de développement. Il est indispensable de définir avec précision la politique de sécurité qui décrit ces exigences.

1.3. Politiques et modèles de sécurité

Une politique de sécurité est définie comme "l'ensemble des lois, règles et pratiques qui régissent la façon dont l'information sensible et les autres ressources sont gérées, protégées et distribuées à l'intérieur d'un système spécifique" [ITSEC 91]. Elle définit d'une part l'ensemble des propriétés de sécurité qui doivent être satisfaites par le système, c'est-à-dire des propriétés de confidentialité, d'intégrité, et de disponibilité, et d'autre part les règles de sécurité qui sont imposées au comportement du système dans le but d'obtenir et de maintenir ces propriétés.

Par exemple, une propriété de sécurité pourra être "une information classifiée confidentielle ne doit pas être transmise à un utilisateur non habilité à la connaître", alors qu'une règle du schéma d'autorisation pourra être "le propriétaire d'une information peut accorder un droit d'accès pour cette information à n'importe quel utilisateur". Si la politique d'autorisation est cohérente, il ne doit pas être possible, partant d'un état initial sûr (c'est-à-dire satisfaisant les propriétés de sécurité), d'atteindre un état d'insécurité (c'est-à-dire un état où les propriétés de sécurité ne sont pas satisfaites) en appliquant les règles du schéma d'autorisation [Deswarte et al. 03].

Les règles de sécurité expriment des contraintes sur le comportement du système en exprimant les opérations autorisées et celles qui sont interdites. Dans une politique de sécurité, les règles doivent satisfaire les objectifs de sécurité (confidentialité, intégrité, et disponibilité), en fait, l'application de ces règles doit avoir comme conséquence la garantie des propriétés de sécurité du système. La violation d'une règle de sécurité ne constitue pas nécessairement une défaillance vis-à-vis de la sécurité, c'est-à-dire le non-respect d'une propriété de sécurité, mais peut rendre le système plus vulnérable. Ainsi, par exemple, une règle peut spécifier que les mots de passe doivent être choisis de manière aléatoire dans un espace de données suffisamment grand. La violation d'une telle règle ne constitue pas immédiatement une défaillance vis-à-vis de la sécurité, mais expose le système à des attaques par dictionnaire sur les mots de passes.

1.3.1. Politiques d'autorisation

La plupart des politiques d'autorisation sont basées sur les notions de sujets, d'objets et de droits d'accès [Deswarte et al. 03]. Un sujet est une entité active, correspondant à un processus qui s'exécute pour le compte d'un utilisateur. Dans ce contexte, un utilisateur est une personne physique connue du système informatique et enregistrée comme utilisateur, ou un serveur, sorte de personne morale représentant des fonctions automatiques de service, tel que serveur d'impression, serveur de base de données, serveur de messagerie, etc. Un objet est une entité considérée comme "passive" qui contient ou reçoit des informations. À un instant donné, un sujet a un droit d'accès sur un objet si et seulement si le processus correspondant au sujet est autorisé à exécuter l'opération correspondant à ce type d'accès sur cet objet. Les droits d'accès sont généralement représentés sous forme d'une matrice de droits d'accès, avec une ligne par sujet, une colonne par objet, chaque case de la matrice contenant la liste des droits que possède (à un instant donné) le sujet, défini par la ligne, sur l'objet, défini par la colonne.

Les politiques de sécurité sont généralement décrites par un modèle formel, ce qui permet de vérifier que la politique est complète et cohérente, et que la mise en œuvre par le système de protection est conforme. Il existe deux types de modèles:

- des modèles spécifiques, développés pour représenter une politique d'autorisation particulière, comme les modèles de Bell-LaPadula [Bell et al. 76], de Biba [Biba 77], de Clark & Wilson [Clark et al. 87], etc.;

- des modèles généraux, qui sont plutôt des méthodes de description formelle, pouvant s'appliquer à toutes sortes de politiques, comme le modèle HRU [Harrison et al. 76] ou le modèle Take-Grant [Jones et al. 76].

Le modèle HRU décrit les droits sous forme de matrice de contrôle d'accès, et ne permet pas de faire directement de vérification de cohérence ou de complétude. En revanche, le modèle Take-Grant donne une représentation graphique des droits et de leur évolution (par des règles de modification du graphe), ce qui permet de faire certaines vérifications automatiques de cohérence. Néanmoins, pour un système réel, de telles vérifications sont généralement coûteuses [Dacier 93] et incomplètes: on ne peut vérifier, sans faire une énumération totale, qu'il n'est pas possible d'atteindre un état d'insécurité. Des extensions du modèle HRU ont été proposées pour résoudre ce problème, au prix de certaines restrictions sur les règles du schéma d'autorisation. C'est le cas en particulier du modèle TAM [Sandhu 92] et du graphe des privilèges [Dacier 94].

Politiques discrétionnaires (Discretionary Access Control)

Dans le cas d'une politique d'autorisation discrétionnaire, ce sont les sujets eux-mêmes qui définissent à leur *discrétion*, quels sont les accès autorisés sur les informations qu'ils contrôlent. Ceci peut parfois amener le système dans un état d'insécurité, c'est-à-dire ne satisfaisant pas les propriétés de la politique d'autorisation qui a été choisie. La gestion des droits d'accès dans une telle politique, repose sur la notion de *propriétaire:* tout sujet est propriétaire d'un ensemble d'objets, et chaque sujet peut préciser, pour les objets lui appartenant, les droits d'accès accordés aux autres sujets.

Une politique de sécurité discrétionnaire contient donc typiquement la règle suivante:

« Un sujet s peut accorder un droit d'accès d sur un objet o à un autre sujet s' si et seulement si s est le propriétaire de l'objet o »

À titre d'exemple, considérons la politique de sécurité discrétionnaire mise en oeuvre dans le système de gestion des fichiers d'UNIX. Les processus et les utilisateurs du système sont considérés comme les sujets, les objets étant les fichiers du système. Les opérations permettant d'accéder aux fichiers sont la *lecture*, *l'écriture* et *l'exécution*. À ces opérations sont associés des droits d'accès, notés respectivement r, w et x. La politique de sécurité contient les règles suivantes:

- **Règle 1:** un utilisateur est propriétaire des fichiers qu'il crée.

- **Règle 2:** un utilisateur est autorisé à modifier les droits d'accès d'un fichier si et seulement si le fichier lui appartient.

- **Règle 3:** un utilisateur est autorisé à accéder à un fichier si et seulement s'il possède le droit d'accès correspondant sur ce fichier.

Dans ce cas précis, supposons que la politique vise à respecter la propriété suivante: *«les utilisateurs qui n'ont pas le droit de lire un fichier ne doivent pas pouvoir en connaître le contenu.»*

Une telle politique n'est pas réalisable par des mécanismes d'autorisation discrétionnaire, comme nous pouvons le montrer en utilisant une notation dérivée du modèle HRU:

- si $u1$ est propriétaire du fichier $f1$, il peut donner à l'utilisateur $u2$ le droit de lecture sur $f1$:

$$(u1, f1, propriétaire) => (u2, f1, lire)$$

- $u2$ peut créer un fichier $f2$ (dans lequel il peut donc écrire) sur lequel il peut donner le droit de lecture à $u3$:

$$(u2, f2, créer) => (u2, f2, écrire) \wedge (u3, f2, lire)$$

- $u2$ peut donc recopier $f1$ dans $f2$ pour transmettre les informations de $f1$ à $u3$ à l'insu du propriétaire $u1$:

$$(u2, f1, lire) \wedge (u2, f2, écrire) \wedge (u3, f2, lire) => (u3, copie(f1), lire)$$

Une politique discrétionnaire n'est donc applicable que dans la mesure où il est possible de faire totalement confiance aux utilisateurs et aux sujets qui s'exécutent pour leur compte; une telle politique est par là même vulnérable aux abus de pouvoir provoqués par maladresse ou par malveillance.

De même les politiques d'autorisation discrétionnaire sont vulnérables aux attaques par chevaux de Troie. Dans ce cas, le système ne peut en effet distinguer une demande de changement de droit d'accès provenant d'un utilisateur de celle qui provient d'un cheval de Troie s'exécutant pour le compte de cet utilisateur à son insu.

Politiques obligatoires (Mandatory Access Control)

Pour résoudre les problèmes des politiques discrétionnaires, les politiques dites *obligatoires* imposent, par leur schéma d'autorisation, des règles incontournables qui s'ajoutent aux règles discrétionnaires.

Dans ce type de politique d'autorisation, aux sujets et aux objets du système sont associés des attributs de sécurité et les règles décrivent les accès autorisés en termes de conditions qui doivent être vérifiées par les attributs. Ces règles sont différentes selon qu'il s'agit de maintenir des propriétés liées à la confidentialité ou à l'intégrité. Pour ce qui concerne la confidentialité, l'une des façons de spécifier ces règles est d'imposer aux objets et aux sujets une structure hiérarchique; c'est le cas des politiques *multi-niveaux* basées sur les règlements de sécurité appliqués par les militaires pour la confidentialité des documents.

Dans une telle politique, les informations et les utilisateurs appartiennent à des *classes* de sécurité prédéfinies, correspondant à des *niveaux* ordonnés (par exemple, nonclassifié, à diffusion restreinte, confidentiel, secret, très secret) et à des catégories non-ordonnées entre elles (par exemple, cryptographie, nucléaire, médical, etc.). À chaque utilisateur, on associe une *habilitation* correspondant à un niveau de sécurité et un *compartiment* défini comme un ensemble de catégories. De même, à chaque information, on associe une *classification* correspondant également à un niveau de sécurité et un compartiment. Des règles sont imposées pour déterminer quelles habilitations permettent quels accès à des informations de quelles classifications. Ces règles sont incontournables, même par les propriétaires des informations.

Le modèle de Bell et La Padula [Bell et al. 76] fournit un exemple de telles règles:

- *Règle simple:* un sujet *si* ne peut lire un objet *oj* que si son habilitation $h(si)$ domine[3] la classification $c(oj)$ de l'objet:

$$(si, oj, lire) => h(si) \geq c(oj)$$

- *Règle étoile:* un sujet ne peut lire un objet *oj* et en écrire un autre *ok* que si la classification de *ok* domine celle d' *oj:*

$$(si, oj, lire) \wedge (si, ok, écrire) => c(ok) \geq c(oj)$$

Dans ce modèle, la règle simple interdit de lire des informations d'une classification supérieure à l'habilitation, et la règle étoile empêche les flux d'information d'une classification donnée vers une classification inférieure, ce qui constituerait une fuite d'information: on peut vérifier facilement que si $h(sn) < c(oi)$, il n'existe pas de suites $\{i,j,...,k\}$ et $\{l,m,...,n\}$ telles que:

$$(sl, oi, lire) \wedge (sl, oj, écrire) \wedge (sm, oj, lire) \wedge ... \wedge (sx, ok, écrire) \wedge (sn, ok, lire)$$

En effet, ceci conduirait (par la règle étoile et la règle simple) à:

$$c(oi) \leq c(oj) \leq h(sm) \leq ... \leq c(ok) \leq h(sn) => c(oi) \leq h(sn)$$

---

[3] Par définition, une classe A domine (avec la notation "≥") une classe B si et seulement si à la fois le niveau de A est supérieur ou égal au niveau de B et le compartiment de B est inclus ou égal au compartiment de A.

ce qui est contraire à l'hypolivre de départ. Le modèle permet donc de prouver que la politique est cohérente, c'est-à-dire que le schéma d'autorisation ne peut conduire à un état où la propriété « *une information classifiée ne doit pas être transmise à un utilisateur non habilité à la connaître* » ne soit pas respectée en appliquant les règles imposées.

Le modèle de la muraille de Chine [Brewer et al. 89] étudie le problème de la confidentialité à l'intervention d'une personne dans différents milieux en conflit d'intérêt. Ainsi ce modèle définit la notion de classe d'intérêt. Il stipule qu'une personne ne peut être autorisée à consulter une information si elle connaît déjà une autre information en conflit d'intérêt avec la première (leurs classes d'intérêt sont en conflit). Ainsi, par exemple, imaginons un consultant ayant accès aux informations de deux sociétés concurrentes A et B. Dés lors que le consultant a eu accès aux informations de la société A, il lui est interdit de consulter toute information de la société B puisque les classes d'intérêts de ces informations sont en conflit. En fait, le consultant a, au départ, la liberté de choisir l'information à consulter, mais chaque décision qu'il prend dresse devant lui une barrière qu'il ne peut plus franchir. La muraille de Chine est une image de cette barrière. Cette politique correspond à une réglementation imposée aux agents de change britanniques car leur travail les amène à travailler pour différentes sociétés qui peuvent être en situation de conflit d'intérêt.

D'autres politiques obligatoires ont été développées pour le maintien de l'intégrité. C'est le cas de la politique proposée par Biba [Biba 77], qui applique à l'intégrité un modèle analogue à celui de Bell-

LaPadula pour la confidentialité. Dans ce modèle, à chaque sujet *s* on affecte un niveau d'intégrité *is(s)*, correspondant à la confiance qu'on a dans ce sujet (par exemple, en raison d'un niveau de vérification des logiciels exécutés par ce sujet) et chaque objet *o* possède un niveau d'intégrité *io(o)*, correspondant au niveau d'intégrité du sujet qui l'a créé. Les opérations d'observation, de modification et d'invocation, d'un sujet par un autre sujet, sont autorisées si les règles suivantes sont vérifiées (en plus des règles discrétionnaires):

Règle 1: (si, oj, observer) => is(si) ≤ io(oj)

Règle 2: (si, oj, modifier) => io(oj) ≤ is(si)

Règle 3: (si, sj, invoquer) => is(sj) ≤ is(si)

Ces règles garantissent qu'une information ne pourra pas "polluer" une information d'un niveau d'intégrité supérieur. Le modèle de Biba présente un inconvénient analogue à celui de Bell-LaPadula, c'est-à-dire la dégradation des niveaux d'intégrité: si une information d'un niveau d'intégrité donné est utilisée par un sujet d'un niveau inférieur, tous les objets modifiés ou créés par ce sujet à partir de cette information seront d'un niveau d'intégrité inférieur. Il faut alors remonter artificiellement le niveau d'intégrité de certains objets par des sujets "de confiance" (ne respectant pas les règles).

Clark et Wilson [Clark et al. 87] proposent un autre type de politique obligatoire pour l'intégrité. Dans leur modèle, les objets sont de deux classes d'intégrité: les UDIs (*Unconstrained Data Items*, ou données non contraintes) et les CDIs (*Constrained Data Items*, ou données contraintes). Les CDIs sont certifiées par des procédures de vérification d'intégrité (IVPs, *Integrity Verification Procedures*), et ne peuvent être manipulées que par des procédures de transformation certifiées (TPs, *Transformation Procedures*), qui maintiennent l'intégrité des CDIs. Ces TPs correspondent donc au concept des "transactions bien formées", classique en traitement transactionnel. Le système maintient par ailleurs des listes de relations indiquant sur quelles CDIs peuvent porter les TPs et quelles TPs peut exécuter chaque utilisateur. Ces listes permettent de mettre en œuvre la séparation des pouvoirs (que Clark et Wilson appellent *separation of duty*), en ce sens que pour réaliser certaines transformations, il faut que plusieurs utilisateurs exécutent des TPs séparées, l'ensemble de ces TPs réalisant la transformation complète. Un mécanisme approprié permet de remonter le niveau d'intégrité des objets, c'est-à-dire la transformation d'UDI en CDI. L'intégrité du système repose donc sur le contenu des listes de relations, et sur la validité des IVPs et des TPs, c'est-à-dire que, dans ce modèle, il est nécessaire de certifier les programmes, en plus de vérifier les droits à l'exécution.

Ces politiques obligatoires pour l'intégrité ont généralement été conçues pour se prémunir contre la fraude. Mais, de même que la protection est efficace aussi bien pour prévenir des fautes intentionnellement nuisibles que pour empêcher la propagation d'erreurs dues à des fautes accidentelles, on peut envisager d'appliquer des politiques d'intégrité à des systèmes de sécurité-innocuité. En particulier, [Totel 98] propose une politique et un modèle adaptés à des systèmes où cohabitent des logiciels de criticités multiples: en associant niveau de criticité et niveau d'intégrité, le modèle de Totel garantit que des traitements très critiques (dont les logiciels auront été validés intensivement) ne peuvent être contaminés par des logiciels moins critiques (donc moins validés). De même, la notion de séparation des pouvoirs permet de relever les niveaux d'intégrité: par exemple, des informations, peu sûres prises isolément, mais provenant de sources diversifiées peuvent produire des informations de plus haut niveau d'intégrité, au moyen de transformations certifiées, correspondant à des mécanismes de tolérance aux fautes (vote majoritaire, prise de médiane, etc.).

Politiques de contrôle de flux

Les politiques de contrôle de flux traient le problème des canaux cachés[4] en considérant, non seulement des opérations de lecture et d'écriture sur des objets, mais également des flux d'informations entre sujets. Elles s'attachent donc à spécifier les canaux de transmission présents dans le système, à préciser les canaux légitimes et à identifier les canaux cachés.

Une approche originale pour la représentation des flux d'information dans un système consiste à caractériser les dépendances causales qui existent, à différents instants, entre les objets du système [d'Ausbourg 94]. Dans ce modèle, un système est représenté sous forme de points (o, t). Un point désigne, non pas un objet, mais l'état d'un objet o à l'instant t. Certains de ces points sont des entrées, d'autres des sorties, et tous les autres constituent des points

---

[4] Les canaux cachés sont des moyens détournés utilisés pour transmettre, en contournant les mécanismes de contrôle d'accès, des informations entre un utilisateur autorisé à accéder à ces informations et un autre utilisateur non-autorisé

internes au système. L'ensemble de ces points évolue avec le temps et cette évolution est due aux transitions élémentaires qui ont eu lieu dans le système. Une transition élémentaire peut, à un instant t, associer une nouvelle valeur à un objet o en ce point. Cet instant et cette nouvelle valeur dépendent donc de certains autres points antérieurs.

La dépendance causale de (o, t) vis-à-vis de (o', t'), avec $t' < t$ est notée «$(o', t') \rightarrow (o, t)$». La fermeture transitive de la relation « $\rightarrow$ » (notée « $(\rightarrow^*$ ») au point (o, t) définit le *cône de causalité* en ce point: $cône(o,t) = \{ (o', t') \text{ } tel \text{ } que \text{ } (o', t') \rightarrow^* (o, t) \}$.

Réciproquement, on définit le *cône de dépendance* d'un point (o, t) comme un ensemble des points qui dépendent causalement de (o, t): $dep(o, t) = \{ (o', t') \text{ } tel \text{ } que \text{ } (o, t) \rightarrow^* (o', t') \}$. Les dépendances causales représentent la structure des flux d'information dans le système. Si un sujet possède une certaine connaissance du comportement interne du système, il est en mesure de connaître les dépendances causales. Dans ce cas, en observant une sortie particulière x_o, un sujet s peut être en mesure d'inférer toute information appartenant à $cône(x_o)$. Réciproquement en altérant une entrée xi du système, s peut éventuellement altérer tous les points appartenant à $dep(x_i)$.

Les objectifs de sécurité de ce modèle peuvent être relatifs à la confidentialité ou à l'intégrité. Soit la notation suivante:

- Obs_s, l'ensemble des points qu'un sujet peut observer, $Obs_s = U_{xo \in Os} \text{ } cône(x_o)$ où O_s est l'ensemble des sorties x_o, du système, observables par le sujet s;

- R_s, l'ensemble des points que s a le droit d'observer;

- Alt_s, l'ensemble des points qu'il peut modifier, $Alts = U_{Xi \in As}\ dep(X_i)$ où As est l'ensemble des entrées x_i, du système, modifiables par le sujet s;

- W_s, l'ensemble des points que s a le droit de modifier dans le système.

Le système est considéré sûr vis-à-vis de la confidentialité si s ne peut observer que les objets qu'il a le droit d'observer, c'est-à-dire si $Obss \subseteq Rs$. De la même manière, le système est sûr vis-à-vis de l'intégrité si s ne peut agir que sur les objets qu'il a le droit de modifier, c'est-àdire, si $Alts \subseteq Ws$.

En considérant un ensemble de niveaux associés aux sujets et aux objets, la propriété $Obss \subseteq Rs$ relative à la confidentialité peut être obtenue en imposant deux règles analogues à celles définies dans la politique de Bell-LaPadula:

- un sujet n'est autorisé à observer que les objets dont la classification est dominée par son habilitation;

- si un objet o' dépend causalement d'un objet o, alors la classification de o' doit dominer la classification de o.

Ce modèle est particulièrement intéressant parce qu'il introduit une manière originale de formaliser les flux d'informations dans un système. L'intérêt principal de cette formalisation réside dans son aspect minimal: la notion de dépendance causale permet de décrire de manière stricte un flux d'informations. Toutefois, les implémentations de ce modèle qui ont été réalisées semblent limitées à des applications assez spécifiques.

Politique de sécurité basée sur les rôles (RBAC)

Une politique de sécurité basée sur les rôles (RBAC pour *Role-Based Access Control*) [Sandhu 96], est une alternative aux contrôles d'accès classiques, à savoir DAC et MAC. Les politiques RBAC permettent d'exprimer précisément les politiques d'autorisation d'une manière qui représente la structure naturelle d'une organisation. Un rôle représente de façon abstraite une fonction identifiée dans l'organisation (par exemple, médecin, infirmière, etc.). À chaque rôle sont associées des privilèges, ensembles de droits correspondant aux tâches qui peuvent être réalisées par chaque rôle. Enfin, les permissions ne sont plus associées d'une façon directe aux sujets, mais à travers des rôles. De même, un sujet peut jouer plusieurs rôles et inversement, un rôle peut être joué par plusieurs sujets. Ainsi, si le docteur Dupont est à la fois chirurgien et directeur de l'hôpital, en tant que chirurgien, il aura le droit d'accès aux dossiers médicaux, alors qu'en tant que directeur, il pourra accéder aux informations administratives. Une politique basée sur les rôles est relativement facile à administrer, car elle est suffisamment souple pour s'adapter à chaque organisation: la définition des rôles peut refléter précisément la structure de l'organisation. Les rôles peuvent même être structurés de façon hiérarchique, pour simplifier encore l'affectation des privilèges. Ainsi, comme les chirurgiens et les gynécologues sont nécessairement médecins, on assignera des privilèges au rôle «médecin», et seulement des privilèges supplémentaires au rôle chirurgien d'une part et au rôle gynécologue d'autre part. Avec une politique RBAC, il est facile d'ajouter un utilisateur: il suffit de lui assigner les rôles qu'il peut jouer dans l'organisation. De même il est relativement facile de faire évoluer les tâches suite à la création ou la modification d'un objet: il suffit de mettre à jour les privilèges des rôles concernés. Cependant, les politiques RBAC ont des inconvénients: d'une part, elles ne permettent généralement que de gérer des « permissions », pas des interdictions explicites ou des obligations. D'autre part, il est difficile de gérer certaines permissions. Par exemple, la règle « seuls les médecins traitants peuvent lire les informations médicales du dossier d'un patient » est difficile à implémenter dans un modèle RBAC: il faut soit créer autant de rôles « médecin traitant du patient X » que de patients, soit mettre en œuvre des règles supplémentaires dans l'application (par exemple, la gestion de la base de données des dossiers médicaux), qui ne sont pas exprimables dans le modèle RBAC.

Or-BAC (Organization-based Access Control)

Le modèle Or-BAC [Abou EL Kalam 03] a été conçu pour résoudre les problèmes de RBAC. D'une part, il permet d'exprimer des permissions, des interdictions et des obligations, mais aussi des recommandations, concept fort utile dans le domaine de la santé par exemple. D'autre part, il permet de prendre en compte des informations de contexte dans l'expression des règles. Les informations de contexte permettent d'activer des règles spécifiques (par exemple, en cas d'urgence), ou de restreindre l'application de certaines règles à des conditions topologiques ou chronologiques (certaines données ne peuvent être consultées qu'à certains endroits, ou à certaines heures), ou encore au contenu de l'information (un médecin peut consulter un dossier médical, s'il est indiqué comme médecin traitant dans ce dossier). Dans Or-BAC, les règles de sécurité ne sont pas spécifiées pour chaque objet, sujet et action, mais seulement en utilisant les entités abstraites suivantes:

- *organisations*: une organisation peut être définie comme une entité ayant un rôle professionnel ou statutaire bien défini, ou encore, un groupe structuré d'entités actives, c'est-à-dire de sujets (utilisateurs, équipes, ou autres) jouant certains rôles; dans le domaine de la santé, une organisation peut être « le service d'urgence d'un hôpital», «l'unité de soin intensif d'un hôpital », etc.;

- *rôles*: les rôles dans Or-BAC sont liés à l'organisation; en effet, même si les sujets peuvent jouer des rôles dans différentes organisations, ils n'ont pas forcément le droit de les jouer dans n'importe laquelle de ces organisations; par exemple prenons le cas d'un utilisateur qui joue les rôles « médecin » et « radiologue » dans l'organisation *A* mais pas forcément radiologue ni médecin dans l'organisation *B;*

- *vues*: une vue est considérée comme un ensemble d'objets satisfaisant une propriété commune; elle permet alors de structurer les objets et d'ajouter de nouveaux objets au système; une même vue (qui est une entité abstraite) peut correspondre à des objets différents selon l'organisation; par exemple la vue « dossier médical » peut être définie comme un ensemble de documents XML dans une organisation, et comme des éléments d'une base de données dans une autre;

- *activités*: par analogie aux rôles qui associent les sujets ayant les mêmes fonctions et aux vues qui associent les objets satisfaisant une propriété commune, une activité associe les actions qui ont des objectifs communs; une même activité peut correspondre à des actions différentes selon l'organisation; par exemple l'activité « consultation » peut correspondre, dans une organisation, à l'action « *lire* » un fichier, mais peut correspondre à l'action « *select* » sur une base de données dans une autre;

- *contextes*: permettent de spécifier les circonstances dans lesquelles les organisations accordent des permissions de réaliser des activités sur des vues.

À ce titre, Or-BAC distingue deux niveaux d'abstraction:

- *niveau abstrait*, où la politique de sécurité est exprimée en fonction des entités abstraites décrites ci-dessus; une règle de la politique de sécurité peut par exemple prendre la forme suivante: *Recommandation* (*org*, *r*, *a*, *v*, *c*) qui signifie que l'organisation *org*, dans le contexte *c*, recommande au rôle *r* de réaliser l'activité *a* sur la vue *v*. Les interdictions, obligations et permissions sont définis d'une façon analogue;

- *niveau concret*, portant sur des autorisations (ou obligations ou interdictions ou recommandations) concrètes associées, dans le contexte courant, à un utilisateur *u*, un objet *o* et une action *a*. Ces faits (*permission*, *obligation*, *interdiction* ou *recommandation*) sont déduits, à un moment donné, par instanciation des règles de la politique de sécurité. Ainsi, Or-BAC est un moyen de spécifier, dans un cadre homogène, plusieurs politiques de sécurité pour des organisations différentes devant coopérer.

1.3.2. Politiques et modèles pour la disponibilité

Il y a eu peu de travaux dans le domaine de la sécurité qui se sont intéressés à la disponibilité. Pourtant elle a été largement traitée dans d'autres domaines tels que la sûreté de fonctionnement et la tolérance aux fautes vis-à-vis des fautes accidentelles. Selon Parker [Parker 92] « *la disponibilité est le moins maîtrisé et le plus ignoré des objectifs de la sécurité* ». Néanmoins, la disponibilité reste un objectif important, surtout dans le cas des systèmes critiques au même titre que l'intégrité ou la confidentialité.

Millen [Millen 92] a identifié deux types d'attaque par déni de service: l'utilisation de ressources (allocation) et l'épuisement de ressources. Dans ce dernier cas, un attaquant épuise les ressources limitées du système pour empêcher les autres utilisateurs d'y accéder. Millen définit une base de données (*Database Protection Base*) qui répartit les ressources aux utilisateurs et qui a le pouvoir de retirer des ressources à un utilisateur s'il ne respecte pas le temps qui lui a été accordé. Cette base permet de protéger le système contre le déni de service.

Gligor [Gligor 83] définit le déni de service comme l'échec du système à définir un temps maximum d'attente (Maximum Waiting Time). En fait, un utilisateur devrait pouvoir accéder à un service partagé demandé dans un temps borné à partir de l'instant où il a émis sa requête. Le modèle définit la notion de privilège, et c'est le système d'exploitation qui doit gérer cette notion pour permettre au moins au groupe d'utilisateurs privilégiés d'accéder aux ressources. Par exemple, si les ressources sont limitées et le système est incapable de servir tout le monde, les utilisateurs privilégiés sont servis avant les autres.

Selon Cuppens [Cuppens et al. 99, Cuppens 00], une politique de disponibilité doit réglementer la réalisation de tâches et l'utilisation de ressources nécessaires pour réaliser ces tâches. L'objectif principal de cette politique est de spécifier les temps maximaux d'attente lorsque les agents demandent à accéder aux ressources et des durées maximales lorsque les agents demandent à réaliser des tâches. Cela correspond à des obligations, pour le système, de garantir ces temps maximaux d'attente (pour l'accès aux ressources) et ces durées maximales (pour la réalisation des tâches). La prise en compte d'exigences de disponibilité dans un système passe par la spécification d'un règlement de disponibilité. Il propose un modèle du système comprenant les notions de ressource, de tâche et de sujet utilisant des ressources pour réaliser des tâches. Ce modèle permet également de représenter la dimension temporelle de manière à pouvoir spécifier les dates de début et de fin ainsi que la durée de réalisation d'une tâche ou d'utilisation d'une ressource en utilisant la logique temporelle.

Toutes ces études identifient la disponibilité vis-à-vis du déni de service par épuisement de ressources et ne considèrent pas directement le cas des fautes accidentelles ou malveillantes pouvant affecter la disponibilité. De plus, elles ne considèrent que le pire cas qui est le déni de service sans prendre en compte des exigences de type qualité de service vis-à-vis de la disponibilité. Les deux premières approches proposent des mécanismes pour contrôler le temps d'utilisation des ressources par les utilisateurs.

Mais ces mécanismes sont insuffisants puisqu'ils ne permettent pas de protéger le système contre ce type d'attaques. La troisième approche intervient pour intégrer les contraintes de disponibilité dans les spécifications d'un système en cours de développement. Les prévisions de disponibilité sont faites en considérant un ensemble de ressources et un ensemble de tâches sans présence de fautes. Ce modèle pourrait être étendu à la tolérance aux fautes et aux intrusions c'est-à-dire à l'obligation, pour le système de fournir les ressources demandées (et autorisés), même en présence d'attaques ou de défaillances accidentelles.

1.4. Mise en oeuvre de la sécurité

Traditionnellement, le développement d'un système sécurisé est souvent basé sur le principe de protection forte. L'objectif des mécanismes de protection dans un système informatique est d'empêcher un utilisateur malintentionné de nuire aux autres utilisateurs du système [Lampson 71]. La nuisance peut se faire de différentes manières: 1) en détruisant ou en modifiant les données d'un autre utilisateur, 2) en accédant ou en copiant les données d'un autre utilisateur sans sa permission ou 3) en dégradant la qualité du service fourni à un autre utilisateur (les attaques par déni de service). Pour faire face à de tels agissements, il faut mettre en œuvre des mécanismes de contrôle d'accès, d'autorisation et des mécanismes permettant de respecter les obligations inclues dans la politique de sécurité.

1.4.1. Protection centralisée

Le principe de protection est basé sur la notion de TCB, il s'agit d'un sous-système de sécurité ou base de confiance informatique d'un système informatique [TCSEC 85]. La TCB constitue l'ensemble des dispositifs matériels et logiciels destinés à accomplir les fonctions de sécurité du système. La figure 1.1 nous présente un exemple de TCB incluant une *matrice des droits d'accès* et un *moniteur de référence* qui est un intermédiaire de confiance incontournable gérant tous les accès aux ressources (objets locaux et distants) du système et contrôlant toutes interactions.

Figure 1.1 Protection centralisée

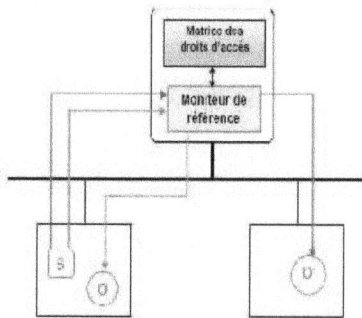

Le moniteur de référence gère ici tous les accès aux objets distants et locaux ce qui pose de sérieux problèmes de point de vue performance et sécurité. En effet, la TCB représente un point dur de l'architecture et la corruption de cette TCB permet aux attaquants de prendre le contrôle total du système. De plus, cette TCB représente un goulet d'étranglement puisque tous les accès doivent passer par elle.

1.4.2. L'approche du livre rouge

L'approche de protection adoptée par le NCSC (*National Computer Security Center*) dans le livre rouge [NCSC 87] repose sur une distribution de la TCB sur l'ensemble des sites du système. Dans cette approche, chacun des sites qui composent le système possède une TCB. Chaque TCB est chargée de contrôler tous les accès aux objets locaux, que ces accès soient effectués par des sujets locaux ou distants. Un autre point important à noter est que, dans cette approche, chaque TCB fait confiance aux autres TCB du système. Lorsqu'un sujet S1 accède à un objet distant O3, la requête est transmise par la TCB du site où S1 est situé, à la TCB qui gère les accès sur l'objet O3. Cette dernière va faire confiance à l'authentification de S1 par la TCB du site 1 et va donc vérifier les droits d'accès de S1 sur l'objet O3 qu'elle détient localement pour autoriser ou refuser l'accès demandé. Réciproquement, la TCB du site de S1 fait confiance à la vérification des droits d'accès du sujet S1 effectuée par la TCB du site de l'objet O3. L'ensemble des TCB du système qui se font mutuellement confiance est appelé *Network Trusted Computing Base* (ou NTCB). La sécurité globale du système repose donc sur la sécurité de cette NTCB .

Figure 1.2 Approche livre rouge

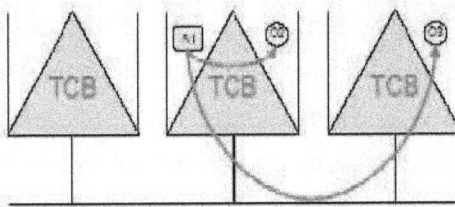

Toutefois, cette approche présente des inconvénients, la gestion décentralisée des informations en particulier peut poser des problèmes de cohérence. En effet, la matrice des droits d'accès est répartie sur tous les sites du système, ce qui fait que le maintien de la cohérence de la politique d'autorisation est très difficile dans une telle situation: si chaque site n'a besoin de connaître que ses objets locaux, il doit en revanche connaître forcément tous les sujets du système global pour être capable de vérifier les accès qu'ils pourraient réaliser localement. Un autre inconvénient de cette approche est également la confiance qui doit être accordée à tous les administrateurs de sécurité de chacun des sites. En effet, si un administrateur d'une TCB quelconque est corrompu, l'ensemble du système est corrompu puisque les autres TCB lui font confiance. De ce fait, l'intrusion d'un site donne des privilèges sur d'autres sites.

1.4.3. Le schéma d'autorisation de MAFTIA

Nous présentons dans cette section le schéma d'autorisation proposé dans le cadre du projet MAFTIA [Abghour 04][5] implémentant des serveurs d'autorisation pour des applications réparties sur Internet. Les serveurs d'autorisation sont des entités tierces dignes de confiance, capables de gérer des schémas d'autorisations diverses et flexibles.

Le serveur d'autorisation est un élément très sensible du système puisque la sécurité globale du système repose sur son bon fonctionnement. En particulier, il doit être fiable vis-à-vis des fautes accidentelles et vis-à-vis des fautes intentionnelles: un intrus qui pourrait se rendre maître de ce serveur pourrait mettre en péril la sécurité du système tout entier. Pour empêcher ce scénario, des techniques de tolérance aux fautes sont mises en œuvre: le serveur d'autorisation est composé de plusieurs machines, administrées indépendamment par des personnes différentes. Les informations

---

[5] L'architecture complète de MAFTIA sera traitée dans le chapitre 2

confidentielles sont fragmentées et disséminées sur l'ensemble des machines, tandis que les informations non confidentielles sont simplement répliquées sur ces machines. Dans ce cas, le serveur d'autorisation n'apparaît pas comme un point dur du système, puisque le contrôle d'un nombre limité de machines par un intrus ou par des administrateurs malveillants ne met pas en péril la sécurité du système [Deswarte et al. 02]. Le serveur d'autorisation a la responsabilité d'accorder ou de refuser l'autorisation pour les opérations qui vont être exécutées par les différentes parties impliquées. Plus précisément, le serveur d'autorisation est responsable de la gestion des droits d'accès sur les transactions (une transaction est composée de différentes opérations exécutées sur différents objets distribués). Il reçoit toutes les requêtes d'autorisation de transactions, il les analyse, et autorise ou non chaque transaction en fonction des informations qu'il possède. Afin de prendre ces décisions, le serveur d'autorisation stocke une matrice dans laquelle sont définis les droits d'accès sur les objets persistants, et gère aussi des règles qui décrivent et génèrent les *preuves d'autorisation*. Ces dernières permettent aux objets autorisés d'invoquer des objets persistants. Si une transaction est autorisée, le serveur d'autorisation fournit à l'objet émetteur de la requête un ensemble de permissions lui permettant de prouver qu'il est bien autorisé à effectuer chacune des opérations de la transaction. Ces preuves d'autorisation devront être par la suite présentées au moniteur de référence situé sur le site de chaque objet invoqué. Le modèle proposé implémente un schéma de délégation qui obéit strictement au principe du moindre privilège.

Chaque site du système possède un moniteur de référence. Ce moniteur joue deux rôles principaux:

- il contrôle tous les accès aux objets locaux, quelque soit leur nature (c'est-à-dire persistants ou temporaires), et

- il gère de façon autonome tous les droits d'accès sur les objets locaux temporaires.

Ce moniteur de référence est chargé d'intercepter toutes les invocations aux objets locaux et de vérifier que chaque invocation est bien porteuse d'une capacité qui autorise l'accès. Cette capacité a été générée précédemment soit par le serveur d'autorisation si la requête d'accès concerne un objet persistant du système, soit par le moniteur de référence lui-même, si la requête d'accès concerne un objet local temporaire.

Figure 1.3 MAFTIA: schéma d'autorisation

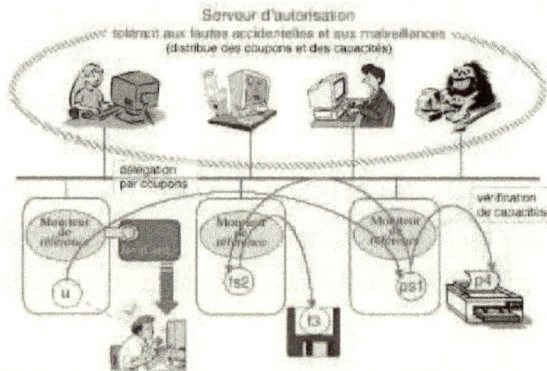

La collaboration du serveur d'autorisation et des moniteurs de référence permet d'assurer une protection efficace sans existence de point dur dans le système: chaque moniteur de référence ne fait confiance qu'au seul serveur d'autorisation qui est composé d'un ensemble de sites dont une minorité peut défaillir sans conséquence sur le système. Par conséquent, l'intrusion d'un site ne donne aucun privilège sur les autres sites contrairement aux approches présentées précédemment.

1.4.4. Autres mécanismes de sécurité

Dans cette section, nous présentons quelques mécanismes de sécurité utilisés généralement comme complément de la politique de sécurité mise en œuvre dans le système.

Audit

Les Critères Communs (Common Criteria for Information Technology Security Evaluation) proposent un cadre pour l'audit de sécurité pour les systèmes d'information. Ce modèle comprend six différentes fonctionnalités [CC 99]: 1) réponse automatique aux évènements de sécurité, 2) génération des données de l'audit de sécurité, 3) analyse des données de l'audit de sécurité, 4) revue des évènements de sécurité, 5) sélection des évènements de sécurité et 6) stockage des données de sécurité.

1. *Reponse automatique aux évènements de sécurité:* la fonction d'analyse d'audit de sécurité doit être capable de détecter les évènements susceptibles d'entraîner une violation de la politique de sécurité. Une réponse automatique à de tels évènements doit les arrêter (terminaison du processus suspect, déconnexion d'un utilisateur, désactivation d'un service, etc.).

2. *Génération des données de l'audit de sécurité:* les CC exigent la génération d'enregistrements d'audit pour le démarrage et l'arrêt de la fonction d'audit. Les enregistrements doivent inclure: la

date et l'heure de l'évènement, le type de l'évènement, l'identité du sujet responsable de l'évènement et un champ indiquant s'il s'agit d'un évènement d'échec ou de succès. Il est indispensable de s'assurer de l'intégrité des données d'audit avant de les prendre en compte.

3. *Analyse des données de l'audit de sécurité:* cette fonctionnalité définit les moyens automatiques exigés pour analyser et éventuellement répondre aux évènements suspects. Les techniques d'analyse sont habituellement basées sur une analyse statistique ou sur des systèmes experts. Cette analyse peut servir de base à la détection d'intrusion.

4. *Revue des évènements de sécurité:* cette fonctionnalité spécifie les conditions restrictives donnant lieu à une revue des enregistrements d'audit. Il s'agit principalement de ne permettre l'accès aux enregistrements d'audit qu'aux administrateurs autorisés.

5. *Sélection des évènements d'audit:* dans cette partie, les CC spécifient les conditions d'inclusion ou d'exclusion d'évènements de l'ensemble des évènements audités. Les critères d'inclusion ou d'exclusion sont spécifiés dans la politique de sécurité.

6. *Stockage des données de sécurité:* cette fonctionnalité spécifie les conditions de stockage d'un évènement d'audit. Généralement, ces conditions concernent la protection des enregistrements d'audit et les moyens pour assurer leur disponibilité et intégrité et de ne pas perdre des enregistrements.

Pare-feu

Actuellement, un grand nombre de réseaux sont protégés avec un ou plusieurs pare-feux. Un pare-feu est un composant logiciel ou matériel qui est chargé de filtrer les données en entrée et en sortie du réseau surveillé. On distingue essentiellement deux types de parefeux selon qu'ils sont selon qu'ils sont basés sur le filtrage de paquets ou le filtrage applicatif:

- *Filtrage de paquets*: Ce type de pare-feu va vérifier les paquets IP en analysant leurs entêtes. Cette analyse va de l'inspection simple des adresses IP source et destination ainsi que des ports sources et destination jusqu'à l'analyse complète de l'en-tête IP et TCP, incluant les flags TCP (SYN, ACK, ...) permettant notamment d'identifier une demande de connexion TCP, un échange de données ou une fermeture de connexion. Cette analyse en profondeur, très souvent référencée par le terme anglais «*stateful inspection*» est à présent utilisée par la plupart des pare-feux présents sur le marché. Il existe différentes politiques de filtrage: 1) filtre «*tout ce qui n'est pas interdit est autorisé*»; 2) filtre «*tout ce qui n'est pas autorisé est interdit* ».

- *Filtrage applicatif:* Le filtrage applicatif permet, comme son nom l'indique, de filtrer les communications application par application, ce qui signifie qu'il travaille au niveau de la couche 7 du modèle OSI. Le filtrage applicatif suppose donc une connaissance de l'application, et notamment de la manière utilisée pour structurer les données échangées. Un pare-feu effectuant un filtrage applicatif est appelé passerelle applicative car il permet de relayer des informations entre deux réseaux en effectuant un filtrage fin au niveau du contenu des paquets échangés.

- *Détection d'intrusion:* La détection d'intrusion a été introduite par Anderson [Anderson 80] qui a été le premier à montrer l'importance de l'audit de sécurité dans le but de détecter les éventuelles violations de la politique de sécurité d'un système. Il y a deux approches principales dans la détection d'intrusion: 1) la détection d'anomalies (*anomaly detection*), et 2) la détection d'attaques (*misuse detection*).

La première approche consiste à d'abord modéliser le comportement normal du système, afin de reconnaître par la suite un comportement corrompu. Le modèle est généralement construit par une période d'apprentissage. L'apprentissage peut se faire dans l'environnement normal du système cible pour permettre au système de détection d'intrusion d'apprendre progressivement les comportements normaux de celui-ci [Forrest et al. 96]. Pour d'autres systèmes plus figés (le comportement du système n'évolue pas dans le temps), la phase d'apprentissage peut se faire à partir des séquences de tests exhaustives décrivant toutes les configurations possibles des actions normales prévues pour le système cible [Debar et al. 98]. Après la période d'apprentissage, le modèle reste stable. Dans ce cas, il est difficile qu'un attaquant parvienne à détourner l'IDS en modifiant le comportement du système. Dans d'autres systèmes, l'apprentissage est continu, pendant toute la vie opérationnelle du système, le modèle évoluant alors en fonction de l'évolution de l'usage qu'on est fait. Néanmoins, il est alors possible qu'un attaquant (par exemple, un utilisateur interne malveillant) parvienne à détourner ce type d'IDS en modifiant lentement son comportement afin de parvenir à un comportement intrusif qui, ayant été progressivement appris, ne sera pas détecté: c'est un faux négatif. La deuxième approche consiste à modéliser non plus des comportements normaux, mais modéliser des comportements interdits. Dans ces cas, on analyse les événements observés à la recherche de scénarios d'attaques prédéfinis représentés dans une base de signatures d'attaques (par exemple, SNORT). Cette approche génère des alertes plus crédibles mais ne permet pas de détecter que les attaques connues.

La construction du modèle de comportement normal peut se faire de différentes manières [Mé et al. 01]:

1. *Méthodes statistiques*: le profil est calculé à partir de variables, comme le temps processeur utilisé ou la durée et l'heure des connexions, échantillonnées à intervalles réguliers. Un modèle statistique est utilisé pour construire la distribution de chaque variable et pour mesurer, au travers d'une grandeur synthétique, le taux de déviation entre un comportement courant et le comportement passé [Denning 86].

2. *Immunologie*: cette approche permet de construire un modèle de comportement normal des services (et non des utilisateurs) au travers de courtes séquences d'appels système caractérisant l'exécution normale des services considérés. En phase de détection, toute séquence étrangère à cet ensemble est considérée comme attaque potentielle [Forrest et al. 96].

3. *Graphes*: certaines approches de détection d'anomalies utilisent des modèles à base de graphes pour mettre en évidence des

propriétés et des relations entre ces propriétés. L'intérêt de cette approche est qu'elle permet de traiter plus facilement des événements rares [Cheung et al. 99].

4. *Approche bayésienne*: les réseaux bayésiens permettent de modéliser des situations dans lesquelles la causalité joue un rôle, mais où la connaissance de l'ensemble des relations entre les phénomènes est incomplète, de telle sorte qu'il est nécessaire de les décrire de manière probabiliste. Les indications obtenues progressivement sur l'état du système modélisé influent sur la confiance que l'on accorde à une hypolivre donnée [Bronstein et al. 01].

Les IDS peuvent également se classer selon deux catégories majeures selon qu'ils s'attachent à surveiller le trafic réseau ou l'activité des machines. On parle d'IDS sur réseau (*network based IDS*) ou d'IDS sur calculateur (*host based IDS*).

• *IDS sur réseau:* ces outils analysent le trafic réseau; ils comportent généralement une sonde qui surveille ce qui se passe sur le segment de réseau ainsi qu'un moteur qui réalise l'analyse du trafic afin de détecter les signatures d'attaques ou les divergences face au comportement de référence. Les IDS Réseau à base de signatures sont confrontés actuellement à deux problèmes majeurs qui sont le développement de l'utilisation du chiffrement et le développement des réseaux commutés. En effet, il est d'une part plus difficile de contrôler le trafic sur les réseaux commutés et le chiffrement rend l'analyse du contenu des paquets presque impossible. La plupart des IDS sur réseau sont aussi dits IDS inline car ils analysent le flux en temps réel.

- *IDS sur calculateur:* ils analysent quant à eux le fonctionnement ou l'état des machines sur lesquelles ils sont installés afin de détecter les attaques. Ils sont très dépendants du système sur lequel ils sont installés. Il faut donc des outils spécifiques en fonction des systèmes déployés. Ces IDS peuvent s'appuyer sur des fonctionnalités d'audit du système d'exploitation ou sur d'autres capteurs pour contrôler l'état du système et générer des alertes. Il faut cependant noter qu'ils sont mal adaptés pour détecter les attaques affectant les couches réseaux de la machine, typiquement les dénis de service comme "SYN flood" ou autre.

1.5. Conclusion

Dans ce chapitre, nous avons présenté l'évolution des politiques de sécurité depuis les approches de prévention basées sur une protection forte et jusqu'aux approches basées sur les techniques de tolérance aux fautes pour faire face aux attaques connues et inconnues. Le déploiement de systèmes critiques vis-à-vis de la sécurité sur Internet pose certains problèmes spécifiques qui n'apparaissent pas dans le cadre de réseaux plus restreints. En fait, l'Internet est un réseau ouvert caractérisé par l'imprédictibilité des nouvelles attaques et le grand nombre d'attaquants potentiels. De plus, l'amélioration des outils malveillants ces dernières années, ont permis de réaliser des attaques de plus grande envergure en un minimum de temps. Par exemple, le ver Slammer (2003) a été lancé 6 mois après la découverte de la vulnérabilité alors que le ver Witty

(2004) a été lancé 24 heures seulement après l'annonce de cette vulnérabilité. Pour face à ces nouvelles menaces, il faut envisager que certains composants puissent être l'objet d'attaques réussies. Pour que de telles attaques ne puissent interrompre ou corrompre le service fourni aux utilisateurs légitimes, il faut mettre en œuvre des techniques de tolérance aux intrusions, dérivées de la tolérance aux fautes. Cette approche sera présentée dans le prochain chapitre.

Chapter 2. La tolérance aux intrusions

La tolérance aux intrusions est l'application de la tolérance aux fautes dans le cas des fautes malveillantes. Nous définissons dans ce chapitre les concepts de base de la sûreté de fonctionnement pour mieux comprendre les mécanismes de tolérance aux fautes. Ensuite, nous nous intéressons aux mécanismes de tolérance aux fautes accidentelles et intentionnelles. Les concepts définis précédemment permettent de mieux comprendre les mécanismes de la tolérance aux intrusions ainsi que le fonctionnement des exemples d'architectures tolérantes aux intrusions présentés dans la dernière section.

2.1. La sûreté de fonctionnement

Dans cette section, nous présentons les concepts de base de la sûreté de fonctionnement. Ces concepts nous serviront par la suite pour la présentation de la tolérance aux fautes et pour l'adaptation de celle-ci dans le développement de systèmes ayant de fortes exigences de sécurité.

2.1.1. Les concepts de la sûreté de fonctionnement

La sûreté de fonctionnement d'un système est son aptitude à délivrer un service de confiance justifiée. Cette définition mettant l'accent sur la justification de la confiance, cette dernière peut être définie comme une dépendance acceptée, explicitement ou implicitement. La dépendance d'un système envers un autre système est l'impact, réel ou potentiel, de la sûreté de fonctionnement de ce dernier sur la sûreté de fonctionnement du système considéré [Laprie et al. 04].

Selon la, ou les applications auxquelles le système est destiné, l'accent peut être mis sur différentes facettes de la sûreté de fonctionnement, ce qui revient à dire que la sûreté de fonctionnement peut être vue selon des propriétés différentes mais complémentaires, qui permettent de définir ses attributs:

- le fait d'être prêt à l'utilisation conduit à la *disponibilité*;

- la continuité du service conduit à la *fiabilité*;

- l'absence de conséquences catastrophiques pour l'environnement conduit à la *sécurité-innocuité;*

- l'absence de divulgations non-autorisées de l'information conduit à la *confidentialité*;

- l'absence d'altérations inappropriées de l'information conduit à l'*intégrité*;

- l'aptitude aux réparations et aux évolutions conduit à la *maintenabilité.*

L'association, à la confidentialité, de l'intégrité et de la disponibilité vis-à-vis des actions autorisées, conduit à la *sécurité-immunité*[6].

Un *service correct* est délivré par un système lorsqu'il accomplit sa fonction. Une *défaillance* du service, souvent simplement dénommée défaillance, est un événement qui survient lorsque le

---

[6] L'association des qualificatifs innocuité et immunité permet de lever l'ambiguïté associée à sécurité. Il est à noter que cette ambiguïté n'existe pas en anglais, qui dispose de safety pour la sécurité-innocuité et de security pour la sécurité-immunité, la sûreté de fonctionnement étant appelée dependability.

service délivré dévie du service correct. La déviation du service correct peut prendre plusieurs formes, qui sont les modes de défaillance, et qui sont classés selon leur gravité. Lorsque la fonction du système comporte un ensemble de fonctions élémentaires, la défaillance d'un ou plusieurs services remplissant ces fonctions peut laisser le système dans un mode dégradé, qui offre encore un sousensemble de services à l'utilisateur. Le service délivré étant une séquence d'états externes, une défaillance du service signifie qu'au moins un état externe dévie du service correct. La déviation est une *erreur*. La cause adjugée ou supposée d'une erreur est *une faute*. Les fautes peuvent être internes ou externes au système. La présence antérieure d'une *vulnérabilité*, c'est-à-dire d'une faute interne qui permet à une faute externe de causer des dommages au système, est nécessaire pour qu'une faute externe entraîne une erreur, et, potentiellement, une défaillance.

Le développement d'un système sûr de fonctionnement passe par l'utilisation combinée d'un ensemble de méthodes qui peuvent être classées en:

- *prévention de fautes*: comment empêcher l'occurrence ou l'introduction de fautes;

- *tolérance aux fautes*: comment fournir un service à même de remplir la fonction du système en dépit des fautes;

- *élimination des fautes*: comment réduire la présence (nombre, sévérité) des fautes;

- *prévision des fautes*: comment estimer la présence, la création et les conséquences des fautes.

Les notions qui ont été introduites peuvent être groupées en trois classes (Figure 2.1):

- *les entraves à la sûreté de fonctionnement*: fautes, erreurs, défaillances; elles sont les circonstances indésirables, mais non inattendues, causes ou résultats de la non-sûreté de fonctionnement (dont la définition se déduit simplement de celle de la sûreté de fonctionnement: la confiance ne peut plus, ou ne pourra plus, être placée dans le service délivré);

- *les moyens pour la sûreté de fonctionnement*: prévention de fautes, tolérance aux fautes, élimination des fautes, prévision des fautes; il s'agit des méthodes et techniques permettant de fournir au système l'aptitude à délivrer un service conforme à l'accomplissement de sa fonction, et de donner confiance dans cette aptitude;

- *les attributs de la sûreté de fonctionnement*: disponibilité, fiabilité, sécurité-innocuité, confidentialité, intégrité, maintenabilité; ils permettent a) d'exprimer les propriétés qui sont attendues du système, et b) d'apprécier la qualité du service délivré, telle que résultant des entraves et des moyens de s'y opposer.

Figure 2.1 La sûreté de fonctionnement

```
                                    ┌─ Disponibilité
                                    ├─ Fiabilité
                    ┌─ Attributs ───┼─ Sécurité-innocuité
                    │               ├─ Confidentialité
                    │               ├─ Integrité
                    │               └─ Maintenabilité
                    │
                    │               ┌─ Fautes
Sûreté de fonctionnement ─┼─ Entraves ─┼─ Erreurs
                    │               └─ Défaillances
                    │
                    │               ┌─ Prévention des fautes
                    └─ Moyens ──────┼─ Tolérance aux fautes
                                    ├─ Elimination des fautes
                                    └─ Prévision des fautes
```

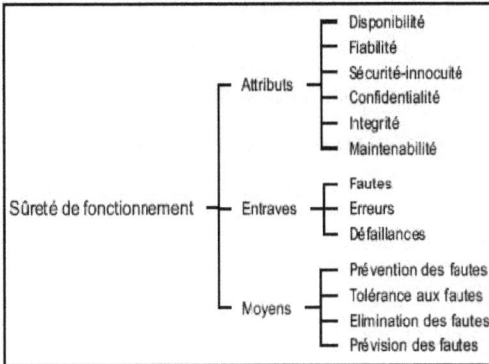

Prévention des fautes et élimination des fautes peuvent être groupées dans *l'évitement des fautes*, c'est-à-dire comment viser à un système exempt de fautes, alors que *tolérance aux fautes et prévision des fautes* peuvent être groupées dans l'acceptation des fautes, c'est-à-dire comment vivre avec un système comportant des fautes. Un autre groupement consiste à associer *prévention des fautes et tolérance aux fautes* pour constituer *la fourniture de la sûreté de fonctionnement,* et donc de l'aptitude à délivrer un service de confiance; *élimination des fautes et prévision des fautes* sont alors groupées en *analyse de la sûreté de fonctionnement*, destinée à obtenir une confiance justifiée dans le service, donc à s'assurer que les spécifications fonctionnelle et de sûreté de fonctionnement sont adéquates, et que le système les satisfait.

2.1.2. Notions de fautes, erreurs, défaillances

Défaillances

L'occurrence d'une défaillance a été définie par rapport à la fonction d'un système, et non par rapport à sa spécification; en effet, si un comportement inacceptable est généralement identifié comme une défaillance en raison d'une déviation par rapport à la spécification, il se peut qu'un comportement satisfasse la spécification tout en étant inacceptable pour les utilisateurs du système, révélant ainsi une faute de spécification. Dans ce dernier cas, la reconnaissance que l'événement est indésiré (et constitue en fait une défaillance) peut ne s'effectuer qu'après son occurrence, par exemple via ses conséquences.

Un système ne défaille généralement pas toujours de la même façon, ce qui conduit à la notion de *mode de défaillance*, qui peut être caractérisée selon quatre points de vue, conduisant aux classes de défaillance du service, comme indiqué par la figure 2.2.

Figure 2.2 Les modes de défaillances

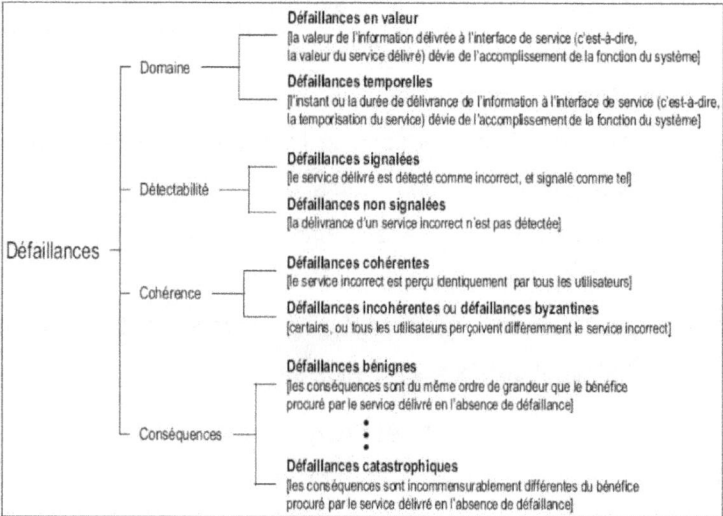

Erreurs

Une erreur a été définie comme étant susceptible de provoquer une défaillance. Le fait qu'une erreur conduise ou non à défaillance dépend de trois facteurs principaux [Laprie et al. 96]:

1) La composition du système, et particulièrement la nature de la redondance existante:

- *redondance intentionnelle* (introduite pour tolérer les fautes) qui est explicitement destinée à éviter qu'une erreur ne conduise à une défaillance,

- *redondance non-intentionnelle* (il est en pratique difficile sinon impossible de construire un système sans aucune forme de redondance) qui peut avoir le même effet, mais inattendu, que la redondance intentionnelle.

2) L'activité du système: une erreur peut être corrigée avant de créer des dommages.

3) La définition d'une défaillance du point de vue de l'utilisateur: ce qui est une défaillance pour un utilisateur donné peut n'être qu'une nuisance supportable pour un autre utilisateur. Des exemples sont: a) la prise en compte de la granularité temporelle de l'utilisateur, selon laquelle une erreur qui "traverse" l'interface système-utilisateur peut ou non être considérée comme une défaillance, b) la notion de "taux d'erreur acceptable", implicitement avant de considérer qu'une défaillance est survenue, qui est classique en transmission de données.

Fautes

Pour définir la tolérance aux fautes, il faut comprendre les fautes et leurs sources. Il y a cinq points de vue principaux selon lesquels on peut classer les fautes: leur cause phénoménologique, leur nature, leur phase de création ou d'occurrence, leur situation par rapport aux frontières du système, et leur persistance (figure 2.3).

La cause phénoménologique conduit à distinguer [Avizienis 78]:

- *les fautes physiques*, qui sont dues à des phénomènes physiques adverses,

- *les fautes dues à l'homme*, qui résultent d'imperfections humaines.

La nature des fautes conduit à distinguer:

- *les fautes accidentelles*, qui apparaissent ou sont créées de manière fortuite,

- *les fautes intentionnelles*, qui sont créées ou commises délibérément, l'intention pouvant être, ou non, nuisible; une faute intentionnellement nuisible est généralement dénommée malveillance.

La phase de création ou d'occurrence par rapport à la vie du système conduit à distinguer:

- *les fautes de développement,* qui résultent d'imperfections commises soit au cours du développement du système (de l'expression des besoins à la recette, y compris l'établissement des procédures d'exploitation ou de maintenance), soit au cours de modifications ultérieures,

- *les fautes opérationnelles*, qui apparaissent durant l'exploitation du système.

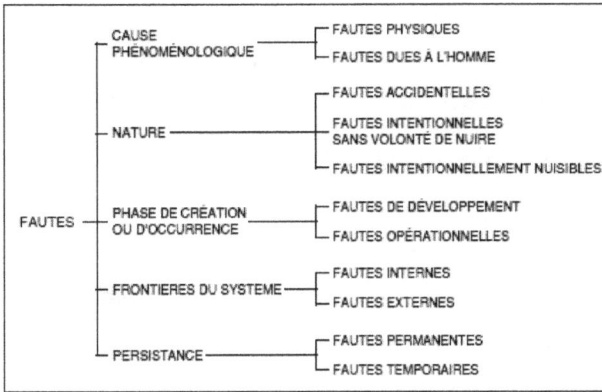

Figure 2.3 Les classes de fautes

La situation des fautes par rapport aux frontières du système conduit à distinguer:

- *les fautes internes*, qui sont les parties d'un système qui, lorsqu'activées par les traitements, produiront une ou des erreurs,

- *les fautes externes*, qui résultent de l'interférence ou des interactions du système avec son environnement physique (perturbations électromagnétiques, radiations, température, vibrations, …) ou humain.

La persistance conduit à distinguer:

- *les fautes permanentes*, dont la présence n'est pas liée à des conditions ponctuelles, internes (processus de traitement) ou externes (environnement),

- *les fautes temporaires*, qui sont liées à de telles conditions ponctuelles, et qui sont donc présentes pour une durée limitée.

Pathologie des fautes

Les mécanismes de création et de manifestation des fautes, erreurs, défaillances peuvent être résumés comme suit:

- Une faute est active lorsqu'elle produit une erreur. Une faute active est soit une faute interne qui était préalablement dormante et qui a été activée par le processus de traitement, soit une faute externe. Une faute interne peut cycler entre ses états dormant et actif. Les fautes physiques ne peuvent affecter directement que des composants matériels, alors que les fautes dues à l'homme peuvent affecter n'importe quel type de composant.

- Une erreur peut être latente ou détectée; une erreur est latente tant qu'elle n'a pas été reconnue en tant que telle; une erreur est détectée par un algorithme ou un mécanisme de détection. Une erreur peut disparaître sans être détectée. Par propagation, une erreur crée de nouvelles erreurs.

- Une défaillance survient lorsque, par propagation, une erreur affecte le service délivré par le système, donc lorsqu'elle "passe à travers" l'interface système utilisateur(s). La conséquence de la défaillance d'un composant est une faute pour le système qui le contient ou pour le, ou les composants qui interagissent avec lui; les modes de défaillance d'un composant sont donc des types de fautes pour le système ou pour les composants qui interagissent avec lui.

Ces mécanismes permettent de compléter la "chaîne fondamentale" suivante:

--- → défaillance → faute → erreur → défaillance → faute → erreur → défaillance ---

Les flèches dans cette chaîne expriment la relation de causalité entre fautes, erreurs et défaillances. Elles ne doivent pas être interprétées au sens strict: par propagation, plusieurs erreurs peuvent être créées avant qu'une défaillance ne survienne; une défaillance étant un événement se produisant à l'interface entre deux systèmes ou composants, une erreur peut conduire à une faute sans que l'on observe de défaillance si l'observation de la défaillance n'a pas lieu d'être effectuée, ou si elle ne présente pas d'intérêt.

2.1.3. Les malveillances

Deux principales classes de fautes sont à considérer dès lors que nous nous intéressons aux fautes malveillantes: les logiques malignes et les intrusions. Les logiques malignes sont des parties du système conçues pour provoquer des dégâts (bombes logiques) ou pour faciliter des intrusions futures (vulnérabilités créées volontairement, par exemple les portes dérobées). Les logiques malignes peuvent être introduites dès la création du système (par un concepteur malveillant), ou en phase opérationnelle, par l'installation d'un logiciel contenant un cheval de Troie ou par une intrusion.

La définition d'une intrusion est étroitement liée aux notions d'attaques et de vulnérabilité:

• *Attaque*: faute d'interaction malveillante visant à violer une ou plusieurs propriétés de sécurité. C'est une faute externe créée avec l'intention de nuire, y compris les attaques lancées par des outils automatiques: vers, virus, zombies, etc.

- *Vulnérabilité:* faute accidentelle ou intentionnelle (avec ou sans volonté de nuire), dans la spécification des besoins, la spécification fonctionnelle, la conception ou la configuration du système, ou dans la façon selon laquelle il est utilisé. La vulnérabilité peut être exploitée pour créer une intrusion.

- *Intrusion:* faute malveillante interne, mais d'origine externe, résultant d'une attaque qui a réussi à exploiter une vulnérabilité...

Il existe toujours deux causes sous-jacentes à une intrusion (figure 2.3):

- une action malveillante ou attaque qui tente d'exploiter une faiblesse dans le système,

- au moins une faiblesse, faille ou *vulnérabilité*, qui est une faute accidentelle ou intentionnelle (avec ou sans volonté de nuire), introduite dans la spécification, la conception, la configuration du système, ou dans l'opération du système.

Figure 2.3 Attaque, vulnérabilité, et intrusion

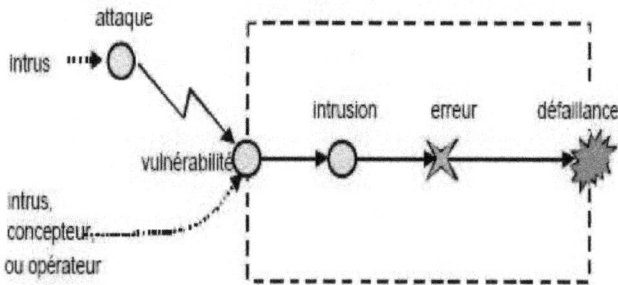

Des exemples typiques d'intrusions interprétées en termes de vulnérabilités et attaques sont:

- Un intrus externe ou «*outsider*» qui pénètre dans le système en devinant un mot de passe d'un utilisateur: la vulnérabilité se trouve dans la configuration du système, qui n'impose de contraintes assez fortes sur les mots de passe (trop courts, vulnérables aux attaques par dictionnaire).

- Un intrus interne ou «*insider*» qui abuse de son pouvoir: la vulnérabilité réside dans la spécification et la conception ou l'opération du système socio-technique (violation du principe du moindre privilège, procédure d'habilitation trop laxiste des personnels).

- -Une attaque en déni de service par surcharge de requêtes (comme les attaques DDoS de sites Webs en février 2000): la vulnérabilité réside en partie dans les spécifications-mêmes du système puisqu'il est contradictoire d'exiger qu'un système soit totalement ouvert à des utilisateurs bien intentionnés et fermé aux utilisateurs malveillants. Ce type particulier d'attaque exploite aussi des fautes de conception ou de configuration dans les nombreux hôtes connectés à Internet qui ont été piratés pour insérer des processus zombies nécessaires au montage d'une attaque distribuée et coordonnée. Une troisième vulnérabilité, qui empêche de lancer des contre-mesures efficaces, repose sur une faute de conception de ceux des fournisseurs de services Internet qui n'implémentent pas de filtrage en entrée et en sortie (*ingress/egress filtering*) qui permettrait de tracer l'adresse IP source de l'attaque, et donc dissuader des attaquants potentiels.

Nous disposons de dix méthodes pour faire face aux entraves à la sécurité-immunité, comme illustré par le tableau suivant [MAFTIA 03]:

	Attaque (humaine)	Attaque (technique)	Vulnérabilité	Intrusion
Prévention	lois, pression social, service secret,...	pare-feu, authentification, autorisation...	Spécifications formelles et semi-formelles, Méthodes rigoureuses de développement...	= attaque & vulnérabilité prévention & élimination
Tolérance	= prévention des vulnérabilité & élimination, tolérance aux intrusions		= prévention des attaques & élimination, tolérance aux intrusions	détection d'erreur & recouvrement, masquage de fautes, détection d'intrusion, alertes
Élimination	contre-mesures physique, capture de l'attaquant	Maintenance préventive & corrective pour éliminer les agents malveillants (i.e., logiques malignes)	1. preuve formelle, model-checking, inspection, test... 2. maintenance préventive & corrective comme les patches de sécurité	élimination des attaques & des vulnérabilités
Prévision	Collecte d'information sur les attaques reussies	recensement des agents malveillants latents et des conséquences potentielles de leur activation	recensement des : vulnérabilities, difficultés de leurs exploitation,conséque nces potentielles	= prévision des vulnérabilités et des attaques

Tableau 1 Les méthodes de sécurité

2.2. La tolérance aux fautes

La tolérance aux fautes correspond à un ensemble de moyens destinés à assurer qu'un système remplit sa fonction en dépit des fautes (figure 2.4). Elle est obtenue grâce à la mise en œuvre de techniques de traitement d'erreurs et de fautes [Anderson et al. 81].

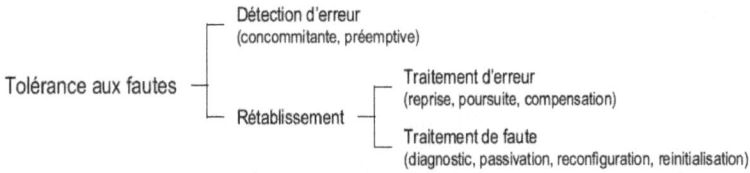

Figure 2.4 La tolérance aux fautes [Laprie et al. 04]

La tolérance aux fautes est mise en œuvre par deux étapes: la *détection d'erreur*, qui permet d'identifier un état erroné comme tel et le *rétablissement*, qui permet de ramener le système dans un état de confiance. Le rétablissement nécessite l'accomplissement du traitement d'erreur afin d'éliminer les erreurs, si possible avant qu'une défaillance ne survienne, et du traitement de faute pour éviter qu'une, ou des fautes ne soient activées à nouveau.

Le traitement d'erreur permet de substituer un état exempt d'erreur à l'état erroné; la substitution peut elle-même prendre trois formes:

* *reprise*, où le système est ramené dans un état survenu avant l'occurrence d'erreur; ceci passe par l'établissement de points de reprise, qui sont des instants durant l'exécution d'un processus dont l'état courant peut ultérieurement nécessiter d'être restauré;

* *poursuite*, où un nouvel état est trouvé à partir duquel le système peut fonctionner (habituellement en mode dégradé);

* *compensation* d'erreur, où l'état erroné comporte suffisamment de redondance pour permettre la transformation l'état erroné en un état exempt d'erreur.

Le traitement des fautes est destiné à éviter qu'une ou plusieurs fautes ne soient activées à nouveau. Le traitement de fautes se compose de trois étapes: le diagnostic, l'isolation et la reconfiguration:

- *le diagnostic des fautes* consiste à déterminer les causes des erreurs, en termes de localisation et de nature;

- *la passivation des fautes* consiste à empêcher une nouvelle activation des fautes;

- *la reconfiguration du système* consiste à modifier la structure système, de telle sorte que les composants non-défaillants permettent de délivrer un service acceptable à l'utilisateur.

- *la réinitialisation du système* consiste souvent à un redémarrage du système.

La tolérance aux fautes n'est pas limitée aux fautes accidentelles. Certains mécanismes de détection d'erreur sont destinés tant aux fautes accidentelles qu'aux fautes intentionnelles (par exemple, les techniques de protection d'accès aux mémoires), et des approches ont été proposées pour tolérer à la fois les intrusions et les fautes physiques [Fray et al. 86, Randell et al. 86], ainsi que pour tolérer des logiques malignes [Joseph et al. 88].

2.3. Tolérance aux intrusions et survivabilité

Pendant longtemps, le développement de systèmes à haute sécurité était basé sur le principe de la prévention. Ces systèmes étaient développés avec des méthodes rigoureuses de développement de systèmes critiques et déployés généralement dans des environnements restreints où les risques d'attaques externes sont minimes. De nos jours, les systèmes sont plutôt développés avec des logiciels COTS afin de réduire les coûts de développement. Ces logiciels COTS ne sont pas développés avec de fortes exigences de sécurité, par conséquent, ils sont susceptibles d'inclure des failles de sécurité. De plus, la connexion de systèmes critiques à Internet pose de sérieux problèmes de sécurité. Dans ces nouvelles conditions, les approches classiques ont montré leurs limites. En fait, les techniques d'attaques évoluent rapidement et les attaquants motivés et compétents parviennent à s'introduire dans des systèmes très sécurisés. Certains sites du Pentagone en 2001 ont même été corrompus par le ver CodeRed. Pour que de telles attaques ne puissent pas interrompre ou corrompre le service fourni aux utilisateurs légitimes, il faut mettre en œuvre des techniques de tolérance aux intrusions, dérivées des techniques de tolérance aux fautes. Avec une telle approche, l'intrusion d'un serveur ou d'un petit nombre de serveurs ne doit pas avoir de conséquence significative sur le service lui même.

Un système tolérant aux intrusions est un système capable de s'auto-diagnostiquer, se réparer et se reconfigurer tout en continuant à fournir un service acceptable aux utilisateurs légitimes pendant les attaques [Deswarte et al. 91].

2.3.1. Techniques de tolérance aux fautes intentionnelles

Nous présentons dans cette section, différentes techniques pour la tolérance aux intrusions. Ces techniques ont servi à la mise en place des architectures tolérant les intrusions présentées dans la section suivante (cf. 2.4).

Quelques techniques classiques

Le chiffrement

Le chiffrement permet de se protéger contre les écoutes passives, telles que l'acquisition de messages sur un réseau de communication, ou l'accès à des informations stockées (segments mémoire ou fichiers de données). On peut aussi utiliser des signatures cryptographiques pour détecter des modifications non-autorisées. En revanche le chiffrement, par lui-même, ne permet pas de corriger les modifications ou destructions indues. On peut distinguer deux grandes classes de techniques de chiffrement: les techniques à chiffre symétrique (ou à clé secrète) et les techniques à chiffre asymétrique (ou à clé publique). Un chiffre symétrique est un algorithme de chiffrement qui utilise la même clé pour le chiffrement et le déchiffrement: si M est un message en clair et {M}K est le message M chiffré par la clé K, M = [{M}K]K. Le DES ("Data Encryption Standard") est un exemple de chiffre symétrique dont l'algorithme a été publié et normalisé [NBS 93]. Un chiffre à clé publique est un algorithme de chiffrement qui utilise des clés différentes pour le chiffrement et le déchiffrement: M = [{M}KP]KS et H(M)= [{M}KS]KP. KP est publiée et KS est gardée secrète. L'algorithme RSA [Rivest et al. 1978] est le plus connu des chiffres à clé publique. Les techniques à clés publiques sont en général plus coûteuses en termes de performances que celles à clés secrètes. Elles sont donc souvent utilisées dans un premier temps pour échanger des clés secrètes, ces dernières étant ultérieurement utilisées pour chiffrer des quantités de données plus importantes.

La réplication

La réplication permet de se protéger contre les modifications et les destructions nonautorisées [Chérèque et al. 92], puisqu'un intrus devra modifier ou détruire la majorité (voire la totalité) des exemplaires pour réussir son attaque; mais la réplication est néfaste pour la confidentialité: il suffit de lire l'un des exemplaires pour en obtenir le contenu.

Le brouillage

Le brouillage consiste à ajouter des informations superflues (par exemple, messages de bourrage sur les voies de communication), ou à augmenter l'incertitude dans les réponses aux requêtes statistiques dans les bases de données pour tolérer les attaques par inférence.

La Fragmentation-Redondance-Dissémination

La technique de Fragmentation-Redondance-Dissémination (FRD) [Deswarte et al. 91] a pour but une approche globale de la tolérance aux fautes accidentelles et intentionnelles, pour le traitement, le stockage et la transmission d'informations confidentielles.

Le principe de cette technique consiste à découper l'information en fragments de telle sorte que des fragments isolés ne puissent fournir d'information significative, puis à séparer les fragments les uns des autres par dissémination de sorte qu'une intrusion dans une partie du système ne fournisse que des fragments isolés (figure 2.5); la dissémination peut être géographique (utilisation de sites ou de voies de communication différents [Shamir 79, Koga et al. 82, Rabin 89]), temporelle (transmission des fragments dans un ordre aléatoire ou mélangés avec d'autres sources de fragments), ou fréquentielle (utilisation de fréquences différentes dans des communications à large bande). La dissémination s'applique aussi aux privilèges afin de séparer les pouvoirs et limiter ainsi l'impact de la corruption d'un site donné sur les autres sites.

Cette technique est applicable au traitement fiable de données confidentielles en s'appuyant sur une approche objet [Fabre et al. 92]. Mais elle peut être aussi utilisée pour réaliser un service de stockage de fichiers sûr ainsi que pour gérer la sécurité dans les systèmes répartis [Fraga et al. 85, Fray et al 86].

Figure 2.5 Exemple d'un système basé sur la FRD

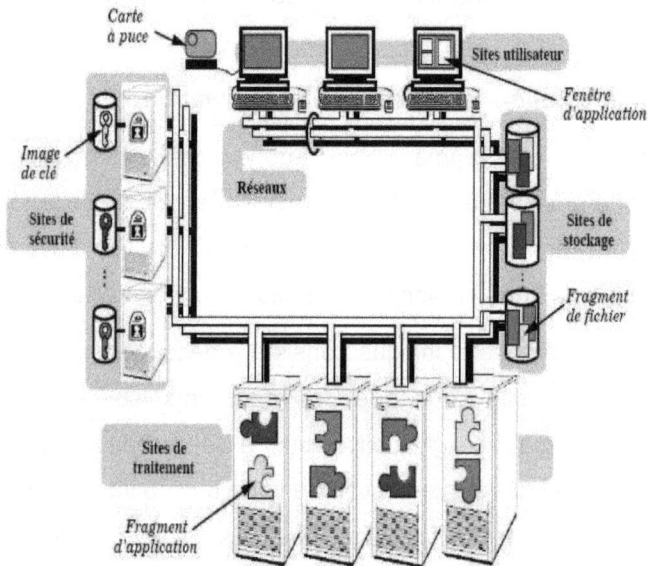

Techniques basées sur les schémas à seuil

Le principe des schémas à seuil est de stocker un secret K sous la forme d'un ensemble de N images Ki disséminées sur différents sites. Un sous-ensemble quelconque de S images est nécessaire pour reconstruire le secret. S est appelé le seuil; S–1 images ne permettent d'obtenir aucune information sur le secret. Suivant un tel principe, l'altération ou la destruction de N–S images peuvent être tolérées. Si N > S, le schéma à seuil peut être considéré comme un code correcteur d'erreur. Le schéma le plus connu, celui de Shamir [Shamir 79], est basé sur l'interpolation polynomiale: étant donné S points, dans un espace de dimension 2, (x1, y1) ... (xs, ys) avec xi ↑ xj, pour tout (i, j), il n'existe qu'un seul polynôme Y(x) de degré S–1 tel que Y(xi) = yi, pour tout i. Pour générer les images, il suffit de choisir un polynôme de degré S–1, soit Y(x) = p0 + p1x + p2x^2 + ... + ps-1x^{s-1}, tel que les pi constituent le secret K, et de calculer les images K1 = Y(1), K2 = Y(2), ..., KN = Y(N). Tout sous-ensemble de S valeurs parmi les N valeurs Ki permet de retrouver les coefficients de Y(x) et donc de calculer K.

Cette technique est particulièrement performante pour des informations secrètes de petite taille, telles que les clés cryptographiques (de l'ordre de quelques centaines de bits). Une méthode originale proposée dans [Blain 92] permet de reconstituer les images Ki qui auraient été altérées ou détruites, sans reconstituer le secret.

La redondance avec diversification

La redondance avec diversification renforce les capacités du système à faire face aux attaques puisqu'elles exploitent généralement des failles spécifiques à certains composants logiciels ou matériels et s'avèrent très souvent inefficaces sur les autres [Deswarte et al. 99]. Par conséquent, pour tolérer les vulnérabilités d'un système, l'approche la mieux adaptée semble être la diversification fonctionnelle qui consiste à utiliser des systèmes développés de façon indépendante avec vote sur les résultats. Différents systèmes tolérant les intrusions [MAFTIA 03, Valdes et al. 02, Wang et al. 01] ont été basés sur cette approche en utilisant des composants COTS avec diversification ce qui réduit considérablement le coût du développement.

2.3.2. Mise en œuvre de la tolérance aux intrusions: exemples d'architectures tolérant les intrusions

Le déploiement des techniques de la tolérance aux fautes pour la sécurité a fait l'objet de plusieurs projets de recherche. Dans cette section, nous présentons différents exemples d'architectures tolérantes aux intrusions. Ces exemples proposent différents modes d'application, dans le monde réel, des techniques présentées précédemment.

L'architecture Delta4

Pour contourner les problèmes dus aux défaillances ou aux intrusions d'un serveur de sécurité centralisé, le projet Delta-4 [Blain 90] propose une approche qui consiste à ne faire aucune confiance à aucun site particulier, mais seulement à un quorum de sites. Ainsi un utilisateur ne sera pas authentifié par un seul site, mais par une majorité de sites appelés *sites de sécurité*, afin de pouvoir par la suite obtenir des accès à des serveurs distants. Cette approche consiste à utiliser la répartition pour tolérer les fautes accidentelles et les fautes intentionnelles en utilisant les techniques de redondance, tout en préservant la confidentialité des informations.

Ainsi, dans cette approche, on supporte la défaillance d'une minorité de sites de sécurité sans pour autant mettre en péril la sécurité du système tout entier [Blain 92]. Pour cela, une technique de tolérance aux fautes particulières, à savoir la technique de Fragmentation-Redondance-Dissémination (ou FRD) [Fraga et al. 85] [Deswarte et al. 91], est appliquée au serveur de sécurité qui aura en charge de la sécurité du système réparti, et en particulier, tout ce qui concerne les accès distants des clients vers les serveurs.

La fragmentation consiste à découper des données en fragments de sorte que l'information contenue dans un fragment soit non significative. Les fragments sont ensuite disséminés sur différents sites du système réparti, de façon à ce que toute intrusion sur une partie du système donne seulement accès à des fragments sans rapport entre eux. La redondance peut être introduite pour permettre de tolérer les altérations accidentelles ou délibérée des fragments ainsi que les défaillances des sites sur lesquels sont stockés ces fragments. L'information peut ainsi être restaurée si l'un des noeuds n'est plus accessible, et même simplement en présence d'un petit nombre de fragments corrompus.

Pour appliquer la Fragmentation-Redondance-Dissémination au serveur de sécurité, il est nécessaire que celui-ci s'exécute sur un ensemble de sites de sécurité. Chacun d'eux a les mêmes fonctionnalités mais pas obligatoirement les mêmes données. Cependant pour les sites utilisateurs comme pour les autres serveurs, aucun site de sécurité ne se distingue des autres. Chaque site de sécurité est administré par un administrateur de sécurité distinct, et un administrateur d'un site particulier n'a aucun droit sur les autres sites de sécurité. Cette séparation de pouvoirs évite le problème classique des systèmes répartis dans lesquels un seul administrateur de sécurité a tous les pouvoirs sur tous les sites du système. Ainsi, cette approche permet de tolérer les intrusions que les administrateurs seraient susceptibles d'effectuer par abus de pouvoir.

L'utilisation de cette technique de tolérance aux fautes accidentelles et aux intrusions ne dispense pas de l'utilisation des méthodes de prévention. Ainsi, les sites de sécurité sont isolés, et leur accès est limité; seul l'administrateur d'un site de sécurité peut se connecter sur ce site et les utilisateurs n'ont accès au serveur qu'à travers des fonctions précises prédéfinies. Soulignons, que dans cette approche, le serveur de sécurité est responsable à la fois de l'authentification des utilisateurs du système réparti, de la gestion des droits de ces utilisateurs, et de l'autorisation d'effectuer une opération dans le système.

Pour accéder à un objet ou un serveur, le site utilisateur transmet sa requête au serveur de sécurité qui autorise ou refuse l'accès. En fait cette requête est diffusée vers tous les sites de sécurité, et chaque site décide localement si l'accès doit être refusé ou accordé en fonction des droits d'accès stockés localement pour cet utilisateur sur l'objet. Ensuite les décisions locales sont échangées: chaque site vote sur les décisions, et si une majorité d'entre elles est positive l'accès est autorisé. Les droits d'accès sont stockés sur les sites de sécurité sous forme d'un serveur de répertoire. Pour chaque objet, quelques attributs sont stockés dans le répertoire; certains ne sont pas confidentiels et sont répliqués sur chaque site de sécurité, tandis que d'autres, confidentiels, sont stockés sous la forme d'images générées par un schéma à seuil basé sur l'algorithme de Shamir [Shamir 79].

Toute requête d'accès à un objet ou un serveur doit être validée par une majorité de sites de sécurité. Le contrôle d'accès est seulement réalisé lors de la connexion entre un site utilisateur et un serveur: une fois la session autorisée, les requêtes sont directement transmises depuis le site utilisateur au serveur. Ce schéma d'autorisation soulage les serveurs d'applications de l'essentiel du contrôle d'accès et permet une gestion d'une politique de sécurité uniforme pour l'ensemble du système réparti.

Malicious and Accidental Fault Tolerance for Internet Applications (MAFTIA)

L'objectif du projet MAFTIA [MAFTIA 03, MAFTIA 03b] était d'étudier le concept de la tolérance dans le cadre de la sécurité d'applications réparties sur des réseaux à grande échelle tel que Internet et de proposer une architecture pour différents domaines d'application. L'originalité de cette proposition vient du fait que chaque fonctionnalité du système est assurée par un sous-système tolérant les intrusions lui-même. En fait, le concept de la tolérance est appliqué à chaque partie du système.

L'architecture MAFTIA peut être décrite suivant 3 axes (figure 2.6):

- *les plateformes matérielles:* cela inclus les machines et les infrastructures réseaux; cette dimension représente physiquement le système distribué;

- *le support local:* cette partie existe sur chaque nœud du système. Il est assuré par le système d'exploitation et l'environnement d'exécution (*runtime*). Les mécanismes mettant en œuvre le support local peuvent varier d'un nœud à un autre et certaines fonctionnalités ne sont pas disponibles en local mais accessible via le réseau en utilisant des protocoles fiables. Cependant, certaines fonctionnalités doivent impérativement être fournies en local, il s'agit, typiquement, d'exécuter des processus, d'envoyer des messages sur le réseau, etc. De plus, les intergiciels qui interviennent pendant l'exécution des applications distribuées supportent les protocoles de communication fournis sur chaque machine MAFTIA;

- *les applications distribuées:* les services de base de MAFTIA sont le service d'autorisation (AS), la détection d'intrusion (IDS) et des tierces parties de confiance (TTP). Les applications conçues pour tourner sur la plateforme MAFTIA utilisent les abstractions fournies par l'intergiciel et les services de base, pour s'exécuter en toute sécurité sur chaque machine MAFTIA et être accessibles par des utilisateurs distants.

La plateforme MAFTIA fournit cinq fonctionnalités pour construire des systèmes tolérant les intrusions qui soient capables de fournir le service pendant les attaques: 1) *la détection d'intrusion*, 2) *les protocoles de communication de groupes*, 3) *les techniques cryptographiques*, 4) *la fragmentation-dissémination des données*,

5) *le contrôle d'accès.* La coopération de toutes ces techniques permet d'assurer une immunité face aux intrusions meilleure que lorsqu'on utilise chaque méthode séparément.

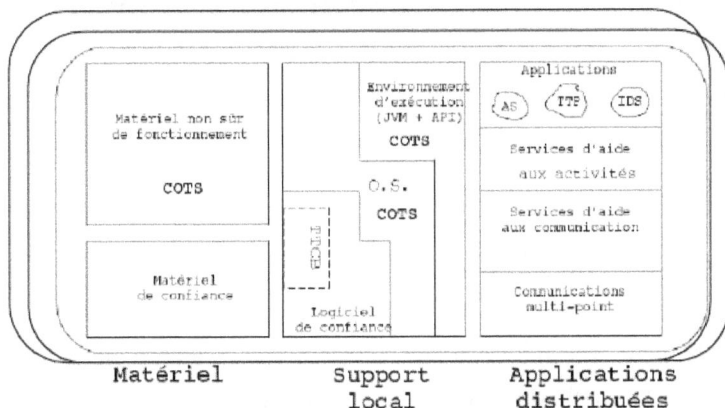

Figure 2.6 Architecture MAFTIA

1) Détection d'intrusion

Les méthodes utilisées sont basées sur la surveillance des activités du système en temps réel et l'analyse les données d'audit hors-ligne. Elles sont conçues dans le but de détecter les anomalies dans le comportement du système au plutôt afin d'empêcher l'attaquant de provoquer des dommages significatifs au système. Bien qu'ils ne réussissent pas à détecter toutes les attaques, les IDS fournissent aussi des informations utiles pour analyser a posteriori le comportement du système dans le but d'aider les administrateurs à identifier de nouvelles attaques non détectées par les mécanismes de détection en temps réel et à trouver les possibles contre-mesures.

MAFTIA définit aussi une méthodologie pour combiner différents systèmes de détection afin de mieux assurer la protection du système contre les attaques. De cette manière, la corrélation des résultats des différents IDS distribués dans le système cible permet d'identifier les attaques possibles contre le système cible et de tolérer les intrusions potentielles dans le système de détection d'intrusion lui-même.

2) Protocoles de communications par groupe

L'utilisation d'un ou plusieurs groupes de répliques fonctionnellement équivalentes est une méthode classique de développement de systèmes tolérants aux fautes [Chérèque et al. 92]. Cette méthode assure une certaine protection contre les fautes accidentelles (indépendantes). Ce modèle est fondé sur l'hypolivre que les défaillances se produisent indépendamment les unes des autres. Pour les fautes aléatoires et non corrélées ainsi que pour celles introduites de l'extérieur sans malveillance, cette hypolivre est acceptable. En revanche, elle ne l'est pas en ce qui concerne les fautes introduites par les actes malveillants d'un attaquant.

Pour résoudre ce problème, deux propositions ont été faites pour construire des protocoles de communication de groupes tolérant les intrusions: la première approche [Cachin 00] consiste à utiliser un modèle de fautes plus réaliste en se basant sur une structure d'adversité généralisée (*generelised adversary structure*). Dans ce modèle, les répliques sont classées selon un ou plusieurs attributs (par exemple: la localisation, le type du système d'exploitation,...) qui déterminent les caractéristiques de leur corruption. En utilisant un modèle approprié il est possible de tolérer la perte des machines appartenant à une même classe. La deuxième approche [MAFTIA 02] s'intéresse à la construction de protocoles de communication de groupes tolérant les intrusions. Cette approche est basée sur un composant de confiance TTCB (*Trusted Timely Computing Base*) qui permet de fournir les propriétés de synchronisation (*timeliness*) et de silence sur défaillance.

3) Techniques cryptographiques

Le chiffrement joue un rôle crucial pour assurer la confidentialité et l'intégrité des données stockées ou émises, pour prouver l'identité de la source, l'origine d'une communication,etc. MAFTIA utilise ces techniques dans trois cas: 1) l'intergiciel MAFTIA fournit des protocoles de communication chiffrée et fiable pour des communications multipoints avec des propriétés d'atomicité; 2) les techniques à seuil combinées avec du chiffrement sont utilisées pour le partage de clés pour les signatures numériques ou pour décrypter les messages; 3) le serveur d'autorisation MAFTIA (cf 1.4.5) fournit des preuves d'autorisation pour accéder aux ressources.

PASIS (*Perpetually Available and Secure Information Storage*)

PASIS [Wylie et al 00] est un système de stockage capable de survivre aux attaques. Il fournit des solutions pour garantir la tolérance aux intrusions à la fois du côté serveur et du côté client. PASIS confie la sécurité des données à un ensemble de nœuds serveurs plutôt qu'à un seul, cette décentralisation est la première étape pour construire des systèmes de stockage de données capables de survivre aux attaques: les données sont dispersées sur des nœuds indépendants. De cette manière, la corruption d'un nœud ne conduit pas à la violation des propriétés de sécurité sur les autres sites (la disponibilité, la confidentialité et intégrité). La stratégie de décentralisation est basée sur les schémas à seuil, de telle sorte que m nœuds corrects parmi n peuvent fournir une information valide. Cette approche a été déjà été explorée dans d'autres projets tels que Delta4.

Un système de stockage de données basé sur l'architecture PASIS (figure 2.7) comprend des serveurs et des clients. Les serveurs assurent un système de stockage persistant pour les données partagées alors que les clients fournissent toutes les autres fonctionnalités.

Plus spécifiquement, les clients PASIS exécutent des agents chargés de communiquer avec les serveurs afin d'obtenir des données qu'ils combinent pour obtenir des données valides en utilisant les schémas à seuil. Pour répondre à une requête de lecture, le client exécute les étapes suivantes:

1) il recherche les nœuds contenant les parties de l'information (n nœuds);

2) il envoie des requêtes de lecture à au moins m des nœuds identifiés à l'étape précédente;

3) il récupère les réponses. S'il reçoit moins de m réponses, il efface les réponses aux requêtes qui ont échoué et les remplace par des nouvelles requêtes destinées à d'autres serveurs. Cette procédure se poursuit jusqu'à ce que le client puisse récupérer m réponses distinctes;

4) il exécute la combinaison appropriée de ces informations pour reconstruire l'information originale.

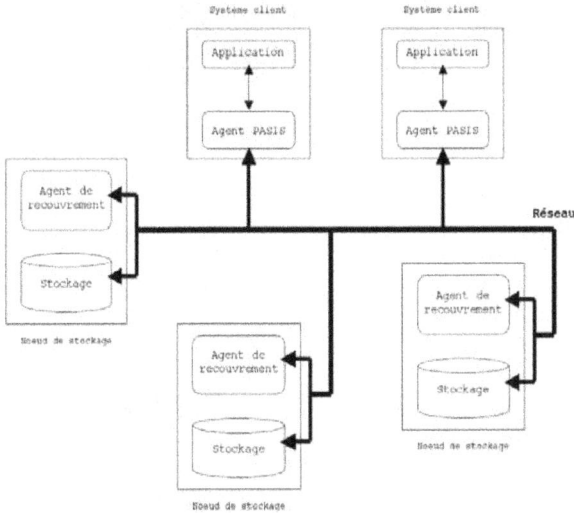

Figure 2.7 Architecture PASIS

Une requête d'écriture nécessite plus d'étapes. En effet, le processus d'écriture s'exécute jusqu'à ce qu'au moins $\min[m, n-m+1]$ nœuds aient effectué la mise à jour puisqu'on doit s'assurer qu'au moins m répliques contiennent les données correctes. Pour assurer une disponibilité optimale, il faut mettre à jour la totalité des nœuds (n).

Les nœuds de stockage, dans PASIS, sont complètement indépendants et physiquement distribués. Donc si deux clients A et B envoient des requêtes d'écriture, aucune hypolivre ne peut être faite sur l'ordre de réception de ces requêtes. De tels problèmes peuvent être causés par des fautes accidentelles ou malveillantes. PASIS impose l'utilisation d'un mécanisme qui garantit l'atomicité des opérations. Plusieurs techniques peuvent être utilisées, dont que diffusion atomique de groupe (*atomic group multicast*).

La FRD (cf. 2.3.2.1) est plus performante et plus robuste que PASIS. En effet, elle permet de tolérer un plus large spectre de d'attaques puisqu'elle propose la dissémination à la fois des données et des privilèges. De plus, le schéma proposé par la FRD pour reconstruire l'information à partir des fragments permet de réduire les temps de calcul ainsi que les communications réseaux. Cependant, PASIS nécessite des capacités de stockage inférieures à celles de la FRD (réplication).

SITAR (A Scalable Intrusion-Tolerant ARchitecture for Distributed services)

L'architecture SITAR [Wang et al. 01] s'adresse aux applications critiques distribuées pour lesquelles une grande importance est donnée aux garanties sur la continuité du service. Le développement est basé sur les techniques de tolérance aux fautes en particulier la redondance et la diversité, sur la reconfiguration adaptative et sur le vote.

L'architecture proposée (Figure 2.7) est composée de:

1) serveurs COTS;

2) serveurs mandataires: il s'agit des points d'accès au système tolérant les intrusions. Chaque requête passe par un des mandataires choisi selon le service demandé. Les mandataires appliquent la stratégie de tolérance aux intrusions qui stipule quels serveurs COTS traitent la requête et comment déterminer la réponse finale à retourner aux clients. Ensuite, le mandataire chargé

de cette requête informe les moniteurs d'acceptation et les moniteurs de vote de sa décision;

3) moniteurs d'acceptation: ils reçoivent les réponses des serveurs COTS et les valident en exécutant une série de tests à la recherche de signes de corruption des serveurs COTS. Ensuite, ils envoient les réponses et le résultat des tests aux moniteurs de vote.

4) moniteurs de vote: ils décident de la réponse finale à retourner au client moyennant un simple vote majoritaire ou un consensus byzantin. Le choix de l'un de ces deux protocoles dépend du niveau d'alerte dans le système.

5) module de reconfiguration adaptative: il reçoit les alertes d'intrusion provenant de tous les autres modules et les analyse en prenant en compte les objectifs de tolérance et le coût performance/impact sur les objectifs. Ensuite, il génère une nouvelle configuration du système.

6) le contrôle d'audit: il fournit les moyens de surveiller le comportement de tous les autres composants du système.

Figure 2.7 Architecture SITAR

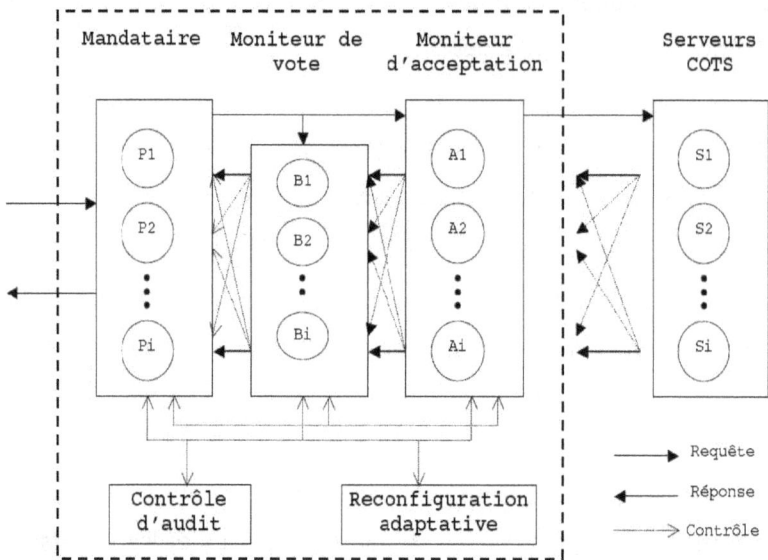

Cette architecture basée sur les principes de redondance avec diversification est similaire à l'architecture que nous proposons dans le chapitre suivant. Cependant, il y a trois différences essentielles entre les deux architectures:

- dans notre architecture, nous mettons en œuvre une politique de redondance qui s'adapte au niveau d'alerte dans le système. Ainsi nous obtenons un meilleur compromis entre la sécurité et les performances, alors que SITAR sollicite à chaque requête toutes les répliques;

- dans notre architecture, le système de surveillance est lui-même tolérant aux intrusions. En fait, nous utilisons des mécanismes de détection diversifiés alors que dans SITAR la surveillance des composants du système est assurée par le module de contrôle d'audit;

- dans notre architecture, les trois premières fonctionnalités proposées ici sur des machines différentes sont regroupées dans notre architecture sur une seule machine. Nous avons un mandataire actif et les autres sont passifs, ils effectuent seulement la surveillance et participe aux prises de décisions mais ne traitent pas les requêtes ce qui réduit le risque de leur corruption puisqu'ils ne sont pas accessibles de l'extérieur.

Intrusion Tolerant Database System (ITDB)

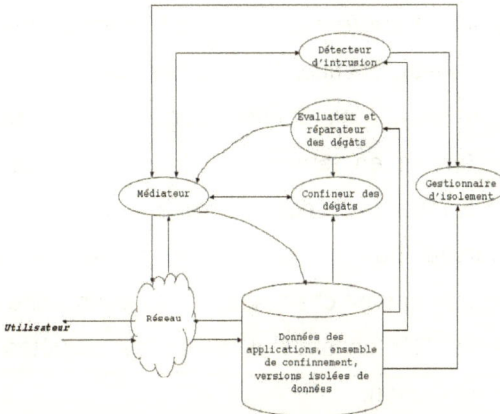

Figure 2.8 Architecture ITDB

Un système de gestion de base de données doit assurer la sécurité, l'intégrité, gérer la concurrence et contenir des mécanismes de recouvrement afin de protéger le système contre les fautes accidentelles et intentionnelles. ITDB [Luenam et al 02] a été développée en réponse à ces problème: c'est un SGBD transactionnel tolérant les intrusions à base de composants COTS.

L'architecture ITDB est présentée dans la figure 2.8. L'élément principal de cette architecture est le médiateur. Il collecte des informations d'audit sur le comportement des transactions et comprend différents mécanismes de tolérance aux intrusions assurant en particulier le confinement d'erreurs. En utilisant les fichiers de traces (*logs*) ainsi que les informations collectées par le médiateur, le détecteur d'intrusion identifie les mauvaises transactions (accidentelles) et les transactions malveillantes. Si une transaction en cours d'exécution a été identifiée suspecte, elle sera interrompue par le médiateur. Si elle a été terminée (*commited*) avant d'être détectée, elle sera envoyée à l'évaluateur des dégâts (*Damage Assessor*) qui fera un diagnostic pour évaluer les dégâts qu'elle a provoqués. Ensuite, le réparateur des dégâts (*Damage Repairer*) répare les dégâts recensés par l'évaluateur des dégâts, la réparation se faisant en temps réel. Les fichiers de traces sont analysés par le réparateur des dégâts à la recherche des objets corrompus par la transaction: ensuite il génère une requête spécifique pour restaurer chacun de ces objets dans sa dernière version correcte. ITB continue à traiter les requêtes pendant le processus de réparation.

Pendant la durée correspondant à latence de la détection et du diagnostic, les erreurs peuvent se propager à partir des objets corrompus, via des requêtes de lecture et d'écriture exécutées par des transactions correctes sur ces objets corrompus. Pour remédier à ce problème, ITDB intègre deux composants supplémentaires à savoir le confineur des dégâts (*Damage Container*) et le gestionnaire de l'isolement (*Isolation Manager*). Quand il est sollicité, le confineur des dégâts entame immédiatement une nouvelle phase pour limiter les dégâts causés par l'intrusion. Le IM se charge de réduire ces dégâts en redirigeant les transactions suspectes vers une base de données virtuelle physiquement séparée. Cette approche permet de protéger la base de données des transactions suspectes tout en la gardant disponible pour les utilisateurs. Si un utilisateur s'avère innocent, sa transaction sera effectivement exécutée sur la base de données réelle.

Le comportement d'un système ITDB est extrêmement variable de point de vue performance et sécurité. En effet, il est influencé par les attaques en cours, la charge de travail en cours, le niveau courant d'intégrité des données et le niveau courant de disponibilité des données. Ces éléments constituent l'environnement dans lequel évolue la base de données. Pour avoir un comportement plus stable et fiable, il faut que le système s'adapte à son environnement.

Pour résoudre ce problème, une version étendue AITDB (*Adaptative Intrusion Tolerant DataBase*) comprend des composants qui récupèrent les paramètres de l'environnement, les analysent et adaptent le comportement du système suivant ces paramètres (figure 2.8). Il s'agit du gestionnaire d'auto-stabilisation (*Self-Stabilization Manager*), de l'exécuteur de reconfiguration (*Reconfiguration Executor*), de l'analyseur des urgences (*Emergency Analyser*) et du module d'écoute (*Listener*). Le gestionnaire d'autostabilisation récupère périodiquement les paramètres du système à partir des moniteurs installés sur les différents composants du système. En cas d'urgence, typiquement une intrusion, le gestionnaire d'auto-stabilisation est sollicité immédiatement afin de diagnostiquer l'état actuel du système. Dans ces cas, l'analyseur des urgences décide des évènements à traiter en priorité.

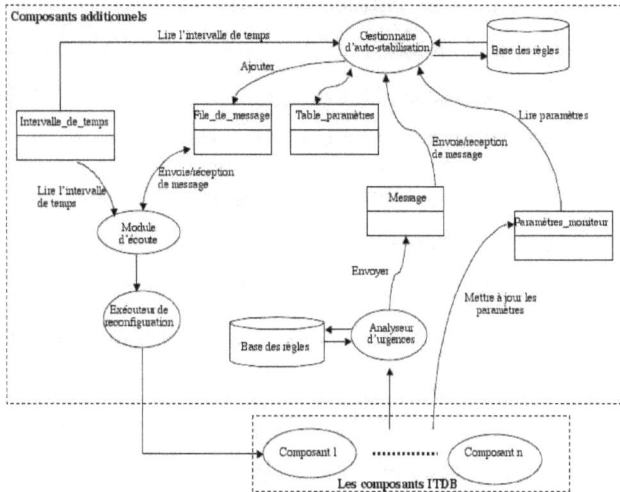

Figure 2.8 Architecture AITDB

Malheureusement la performance d'un système AITDB est étroitement liée à la performance des mécanismes de détection utilisés. En effet, le délai de latence de détection dépend de l'efficacité des IDS utilisés dans le système. Ce délai peut s'avérer important notamment vis-à-vis des nouvelles attaques.

2.4. Conclusion

Dans ce chapitre, nous avons présenté les concepts et les mécanismes de la tolérance aux intrusions ainsi que quelques exemples d'architectures mettant en œuvre ces mécanismes. Notre travail se place dans le cadre de la tolérance aux intrusions pour les serveurs Internet. Pour assurer la sécurité d'un système sur

Internet, il faut le protéger aussi bien des fautes accidentelles que des malveillances. Il est donc important, dès la conception du système, de prévoir l'utilisation des mécanismes de prévention de fautes, pour se prémunir des attaques connues. Mais il faut aussi prendre en compte des attaques inconnues et nouvelles qui pourraient réussir à s'infiltrer dans le système: pour cela, il faut mettre en place des mécanismes pour les tolérer en les détectant puis en isolant les composants corrompus, de façon à empêcher la propagation de l'attaque aux autres parties du système.

Chapter 3. Une architecture tolérante aux intrusions pour serveurs Internet

Dans ce chapitre, nous présentons une architecture générique pour le développement de serveurs Internet tolérant les intrusions. Cette architecture peut constituer un cadre pour le développement de systèmes d'information robustes vis-à-vis des intrusions. Tout au long de ce mémoire, nous prenons l'exemple spécifique d'un serveur Web. Notre but est de construire cette architecture en utilisant des composants COTS qui sont susceptibles d'inclure des failles de sécurité.

Nous commençons par préciser les caractéristiques des systèmes cibles ainsi que le modèle de fautes et les caractéristiques des attaques considérées. Ensuite, nous présentons une première version de l'architecture *DIT* (*Dependable Intrusion Tolerance*) conçue pour des serveurs à contenu statique: cette première architecture a été majoritairement développée à SRI. Néanmoins, le prototype développé par SRI correspond à une version *mono-mandataire* que nous avons étendue à une version *multimandataire*[7] en définissant, notamment, une politique de tolérance aux intrusions répartie sur plusieurs mandataires. Enfin, la dernière partie est consacrée à la prise en compte des données dynamiques, cette deuxième architecture ayant été majoritairement développée au LAAS.

---

[7] Il a fallu pour la développer une version des mandataires indépendante de l'implémentation du mandataire faite par SRI

3.1. Systèmes cibles

Nous considérons des serveurs mettant à la disposition des utilisateurs des informations plus ou moins critiques, mais en aucun cas confidentielles. Les propriétés principales des systèmes cibles sont la disponibilité et l'intégrité, et nous devons garantir ces propriétés quoiqu'il puisse arriver dans le système. Cette architecture peut s'appliquer à différents domaines d'application. Prenons deux exemples typiques:

- Un serveur publiant des alertes de sécurité (par exemple: le site du CERT www.cert.org). Un tel système a de fortes exigences de point de vue disponibilité et intégrité. Il s'agit d'un système mettant à la disposition du public des informations critiques rarement mises à jour. Il est acceptable d'envisager que les mises à jour soient faites hors-ligne. La première architecture que nous proposons pour les serveurs à contenu statique est bien adaptée à ce cas.

- Un serveur d'agence de voyage sur Internet: des réservations, des modifications, des annulations sont faites en temps réel et des bases de données sont modifiées des centaines de fois par jour. À un instant t, il faut que l'état de la base de données reflète la situation réelle des places réservées et des places disponibles pour ne pas réserver des places plusieurs fois ou refuser des réservations alors qu'il y a des places disponibles. Pour cette raison, nous avons étendu la première architecture pour gérer des données dynamiques.

3.2. Modèle de fautes et hypolivres des attaques

L'architecture DIT a été conçue pour tolérer les fautes accidentelles aussi bien que les fautes intentionnelles. En particulier, nous considérons les classes de fautes suivantes qui sont facilement détectables grâce aux trois niveaux de diversification que nous avons mis en œuvre:

- les fautes temporaires (matérielles ou logicielles) que nous pouvons supprimer en redémarrant la machine fautive: par exemple, des fautes pouvant affecter la mémoire;

- les fautes permanentes de conception, matérielles ou logicielles, que nous pouvons tolérer grâce à la diversification logicielle et matérielle: par exemple, des bogues logiciels ou des défauts de fabrication matériels. Ces fautes apparaissent à chaque fois que le système est remis dans une configuration qui les active;

- les fautes intentionnelles malveillantes ou non que nous pouvons tolérer grâce à la diversification.

Dans cette section, nous présentons les hypolivres prises en compte lors du développement de l'architecture:

- Le pare-feu ne peut pas arrêter toutes les attaques, mais les attaquants n'ont aucun moyen de modifier la configuration de celui-ci.

- À un instant donné, tous les serveurs non corrompus de l'architecture retournent une même réponse correcte à une même requête. Cette propriété reflète la cohérence de l'architecture et le déterminisme des exécutions et elle doit être assurée à tout instant.

- Les attaques réalisées par des intrus internes[8] ne sont prises en compte.

- Les attaques de déni de service par multiplication des requêtes sur le réseau ne sont pas explicitement traitées; nous considérons que ce problème doit être résolu à l'extérieur de notre système. Néanmoins, nous pouvons envisager que le pare-feu peut identifier ce type d'attaques et les filtrer de façon à ce qu'elles n'affectent pas notre système.

- Les attaques visent des failles spécifiques à un certain système d'exploitation, à une application logicielle donnée ou une plateforme matérielle et s'avèrent généralement inefficaces sur les autres.

- La distribution des attaques n'est pas uniforme. En effet, la probabilité de l'occurrence d'attaques est aléatoire dans le temps. Mais il s'agit d'événements très corrélés: une attaque ne survient généralement pas seule, un ensemble de tentatives d'intrusions se produisent à des instants rapprochés.

3.3. Une architecture tolérant les intrusions pour des systèmes à contenu statique

L'architecture DIT est une architecture générique qui peut constituer un cadre pour la mise en œuvre de systèmes d'information sûrs. Dans cette section, nous présentons une architecture tolérante aux intrusions pour des serveurs à contenu statique. Pour cette première architecture, aucune mise à jour n'est admise pendant le fonctionnement du système. Les mises à jour sont effectuées hors-

---

[8] opérateurs, administrateurs, officiers de sécurité, etc

ligne, par exemple, en préparant une nouvelle version et en faisant basculer tous les serveurs vers cette nouvelle version simultanément. Ceci correspond au fonctionnement d'un serveur Web mettant à la disposition du public des informations stables, rarement mises à jour.

L'architecture (figure 3.1) est composée d'un ou plusieurs mandataires identiques, qui représentent l'élément principal implémentant la politique de tolérance, d'un ensemble de serveurs d'applications conventionnels («sur étagère», ou COTS) qui exécutent des logiciels eux-mêmes COTS fournissant les services demandés par les clients et d'un système de détection d'intrusion.

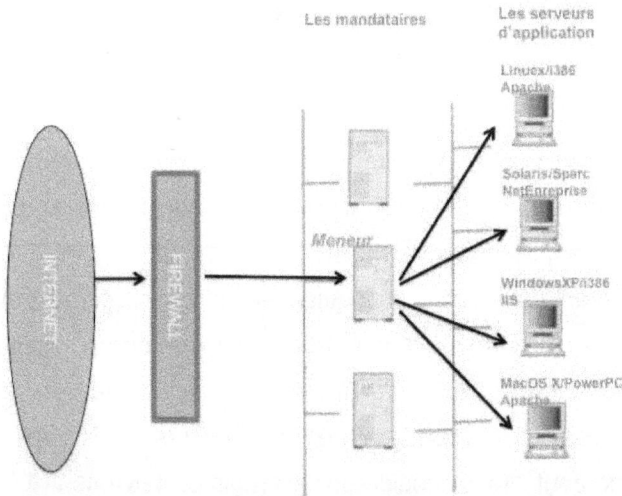

Figure 3.1 Architecture DIT pour systèmes à contenu statique

Cette architecture [Valdes et al. 02] est basée sur les techniques de redondance avec diversification. La diversification renforce les capacités du système à faire face aux attaques [Deswarte et al. 99].

En effet, en disposant de serveurs redondants et diversifiés, le système est capable de survivre aux attaques qui ne peuvent corrompre qu'une partie de ces serveurs alors que les autres continuent à fonctionner normalement.

3.3.1. Originalité

L'originalité de cette architecture réside dans son *adaptabilité*. En effet, en fonction de la situation du système (niveau d'alerte), les mandataires peuvent adapter le niveau de redondance ainsi que la fréquence et la sévérité des contrôles. Le niveau de redondance est aussi appelé *régime de fonctionnement* du système. Le niveau d'alerte dans le système dépend des rapports des mécanismes de détection inclus dans l'architecture ainsi que des messages provenant de systèmes similaires sur Internet considérés comme dignes de confiance.

Le système peut fonctionner dans différents régimes de fonctionnement. Pour chaque nouvelle requête, un ou plusieurs serveurs d'application sont choisis pour la traiter, ce choix devant se faire de manière à distribuer équitablement la charge de travail sur tous les serveurs d'application et de façon aléatoire pour empêcher les attaquants de prédire quels serveurs seront chargés de traiter une requête donnée. Le nombre des serveurs choisis dépend du régime courant. Nous considérons les régimes suivants:

- Régime *simplex*: un seul serveur est choisi pour traiter la requête.

- Régime *duplex*: deux serveurs d'application sont choisis pour traiter la requête et leurs réponses sont comparées avant qu'une réponse ne soit renvoyée au client. Si les réponses sont identiques, cette réponse est retournée au client, sinon un troisième serveur est sollicité pour traiter la même requête.

- Régime *triplex*: trois serveurs d'application sont choisis pour traiter la requête, les réponses sont comparées afin d'identifier la réponse majoritaire à retourner au client.

- Régime *complet*: cela correspond au niveau de redondance le plus élevé. Dans ce cas, la requête est envoyée à tous les serveurs d'application, puis les réponses sont comparées afin de déterminer la réponse majoritaire qui sera retournée au client.

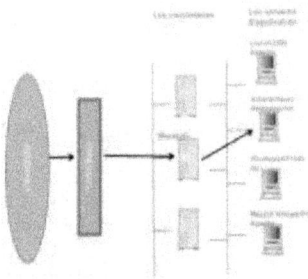

3.2.a régime simplex

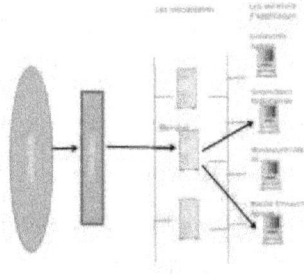

3.2.b régime duplex

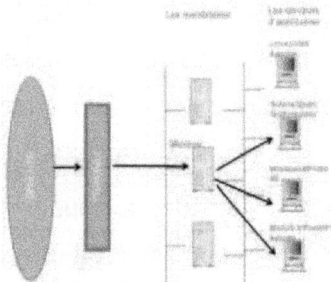

3.2.c régime triplex

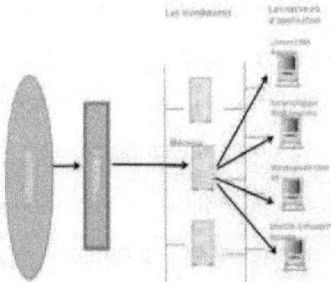

3.2.d régime complet

Plus concrètement, au départ, nous supposons que tous nos composants sont corrects donc nous appliquons le régime *bénin*, qui est le régime de base utilisé quand le système est dans son état nominal et que l'environnement externe n'est pas particulièrement hostile. Dès que le système reçoit des alertes de l'extérieur à propos de nouvelles attaques qui se propagent sur le Web ou que les mécanismes de détection identifient des anomalies dans le système, les mandataires augmentent le niveau de redondance: le système passe au régime supérieur et augmente la fréquence des contrôles effectués sur les différents composants par les différents mécanismes de détection (cf. 3.3.2.3). Après une certaine durée, si aucune anomalie n'est détectée, on diminue le régime et le système revient progressivement au régime bénin.

Selon la criticité des informations fournies par ce serveur, on peut décider que le régime bénin soit le régime *simplex* (figure 3.2.a) ou qu'il soit le régime *duplex* (figure 3.2.b). En effet, le régime simplex présente des risques qu'il y ait des attaques non détectées puisqu'on désactive volontairement l'un des mécanismes de détection les plus sûrs à savoir le *protocole d'accord* (cf. 3.3.2.3). Ceci est particulièrement risqué s'il y a des mises à jour de données dynamiques. Il est donc souvent préférable d'utiliser le régime duplex comme régime bénin.

Utiliser un régime de fonctionnement variable sert aussi à empêcher les attaquants de planifier leurs attaques dans la mesure où il leur est impossible de savoir sur quelles machines leurs attaques vont être exécutées. Ainsi une attaque qui exploite une faille spécifique à

Windows ne sera pas forcément exécutée sur une machine Windows.

De plus, cette notion permet de faire un compromis intéressant entre les performances du système et le niveau de sécurité dans le système. En effet, lorsque le niveau d'alerte est élevé, nous utilisons un niveau de redondance élevé pour renforcer les capacités du système à faire face aux attaques, alors que nous utilisons un niveau de redondance moins élevé pour utiliser au mieux les ressources du système, quand les risques d'attaques sont moins importants.

3.3.2. Composants

Les mandataires

Ils jouent le rôle principal dans le fonctionnement et la protection du système. En effet, ils assurent deux fonctionnalités importantes:

- Un des mandataires est élu comme *meneur*, il joue le rôle de *médiateur* entre les clients et les serveurs d'application. Il reçoit les requêtes des clients et les filtre en rejetant les requêtes suspectes. Pour les requêtes valides, il choisit, selon le régime courant, la liste des serveurs d'application qui vont traiter cette nouvelle requête. Dans une première étape, le *meneur* demande aux serveurs choisis l'empreinte de la réponse (par exemple: *MD5*). Il attend ensuite leurs réponses et en appliquant un protocole d'accord, il valide leurs réponses. S'il reçoit des réponses différentes, il doit déterminer les serveurs suspects et la réponse valide à transmettre au client. Pour cela, il choisit un serveur valide (par exemple, par vote majoritaire si la redondance le permet) pour fournir la réponse entière. Dans le cas où il ne parvient pas à identifier un serveur valide, il sollicite d'autres serveurs qui n'étaient pas impliqués dans la requête. Ce processus est répété jusqu'à ce que le *meneur* trouve un serveur valide jusqu'à utiliser tous les serveurs disponibles sans trouver de majorité, auquel cas le système passe alors en mode *hors-service*.

- Tous les mandataires se surveillent mutuellement et surveillent les serveurs d'application. Dès qu'une anomalie est détectée, ils se consultent pour déterminer les composants corrompus, les isoler pour les redémarrer, augmenter le régime ainsi que la fréquence et la sévérité des contrôles effectués sur les différents composants du système.

Les mandataires n'exécutent pas ou peu de logiciels COTS susceptibles d'inclure des vulnérabilités. Ainsi, ils sont mieux qualifiés pour renforcer la sécurité du système que les serveurs d'application qui sont des composants plus complexes et dont les propriétés de sécurité sont difficilement vérifiables.

Les mandataires s'exécutent sur des systèmes d'exploitation classiques dont tous les services superflus ont été supprimés ou désactivés pour ne laisser que les processus

relatifs au fonctionnement des mandataires et les ports relatifs aux communications autorisées entre les mandataires, entre les mécanismes de détection et les mandataires ou entre les serveurs d'application et les mandataires. Par exemple, la seule possibilité pour accéder au système à partir de l'Internet est l'utilisation du port 80 qui mène directement au processus du *meneur* qui vérifie le format des requêtes et qui rejette toutes les requêtes suspectes. Ces machines sont configurées de manière à rendre impossible l'utilisation ou la réactivation des autres ports ce qui réduit considérablement les risques de vulnérabilités telles que les portes dérobées.

Serveurs d'application

Les serveurs d'application fournissent des services équivalents mais avec des logiciels commerciaux différents (IIS, Apache, etc.) et des systèmes d'exploitation différents (Solaris, Windows, Linux, etc.), voire des plateformes matérielles différentes (Pentium, Sparc, PPC, …). Ils traitent les requêtes envoyées par le *meneur* et lui renvoient leurs réponses. Les serveurs d'application exécutent également des tests et des contrôles, y compris de détection d'intrusion et transmettent les résultats de ces contrôles aux mandataires pour les traiter.

Mécanismes de détection

Les mécanismes de détection utilisés dans l'architecture sont diversifiés (tableau 2) et incluent différents outils de détection d'intrusion (IDS). Les différents mécanismes ont été choisis de manière à ce que les uns recouvrent les vulnérabilités des autres. Par exemple, les IDS sont efficaces pour la détection des attaques par scénarios, mais sont moins efficaces en ce qui concerne des attaques non connues, s'écartant peu du profil d'utilisation et pouvant avoir une latence importante. Par exemple, avec une telle attaque, on pourrait imaginer qu'un attaquant pourrait modifier un fichier rarement utilisé, de manière cohérente progressivement sur tous les serveurs. Une fois son attaque terminée, les serveurs répondront de manière identique à la requête correspondante de telle manière que ni le protocole d'accord ni les IDS ne se rendront compte de cette attaque. Le protocole de Défi-Réponse (PDR , cf 3.3.2.3.3) est déployé pour détecter ce type d'attaque et palier cette faiblesse des autres mécanismes de détection. De cette manière, les mécanismes de détection sont tolérants aux intrusions c'est-à-dire qu'une attaque parviendra difficilement à contourner tous les mécanismes.

Mécanismes de détection	Fonctions
Systèmes de détection d'intrusion	- Détecter les attaques en surveillant le réseau et les serveurs - Détecter les échanges anormaux de messages sur le réseau interne - Alerter l'administrateur système en cas de problème grave
Protocole d'accord	- Détecter les serveurs et les mandataires corrompus
Protocole de défi-réponse	- Vérifier l'intégrité des mandataires et des serveurs d'application - Fréquence adaptable selon niveau d'alerte - S'assurer que les réponses sont calculées sur demande
Surveillance mutuelle des mandataires	- Vérifier que les mandataires agissent selon les décision communes
Vérifieur en ligne (mandataires)	- S'assurer que le comportement de chaque mandataire est conforme à sa spécification

Tableau 2 Les mécanismes de détection déployés dans l'architecture

Les outils de détection d'intrusion

L'architecture inclut deux IDS différents choisis pour leur efficacité et crédibilité: 1) SNORT [Roesch 01], qui est un logiciel libre (source et signatures accessibles) permettant l'expression d'un grand nombre de règles, basé sur la détection d'attaques; 2) EMERALD [Valdes et al. 00, Neumann et al. 99], développé par *SRI Internationnal*, qui combine la détection d'anomalies et la détection d'attaques et permet d'intégrer et de corréler des données venant de différentes sources.

A. EMERELAD (Event Monitoring Enabling Responses to Anomalous Live Disturbances)

EMERALD est une architecture distribuée pour la détection d'intrusion. Il s'agit d'un environnement distribué et évolutif, basé sur une intégration de composants permettant de détecter les anomalies et les abus (*misuse*) et d'analyser efficacement le comportement des machines et des réseaux. Il vise à détecter les malveillances internes et externes au système.

EMERALD est composé d'entités appelées *moniteurs* de service déployées sur les machines du domaine à surveiller (exemple: réseau local à une entreprise). Il propose une architecture hiérarchique avec différentes couches de contrôle afin de réduire la taille des données traitées. La surveillance d'un domaine donné est réalisée par les différents moniteurs de service disséminés sur les différentes machines ou services réseaux appartenant au domaine. Il est ainsi possible de détecter les attaques réparties qui ne sont pas visibles localement alors qu'une vue globale de tout le système permet de les identifier.

Les *moniteurs de service* EMERALD sont des modules chargés dynamiquement (*plugin*), distribués et autonomes. Ils fournissent une analyse en temps réel des infrastructures (exemple: routeurs) et services (sous-systèmes avec interfaces réseau). Ils peuvent interagir avec leur environnement de manière passive en se basant uniquement sur les fichiers de traces, ou de manière active en recherchant des données supplémentaires (*probing*). Cette couverture locale des services et des infrastructures réseaux constitue le mode de surveillance minimal assuré par EMERALD.

Les informations corrélées par un moniteur de service donné peuvent être mises à la disposition des autres moniteurs via un système d'abonnement. Le moniteur "serveur" peut distribuer les résultats de ses analyses à ses clients (moniteurs abonnées pour recevoir ces analyses) de manière asynchrone. Ce mode de fonctionnement permet aux moniteurs EMERALD distribués sur un large réseau d'échanger efficacement les résultats des analyses, notamment les informations sur des malveillances identifiées. L'analyse du domaine constitue le deuxième mode de surveillance proposé par EMERALD.

Un moniteur de service peut jouer le rôle de *moniteur de domaine* auquel cas, il est responsable de la surveillance d'un domaine particulier en corrélant les rapports distribués par les différents moniteurs de service déployés dans ce domaine. Un moniteur de domaine est aussi responsable de la reconfiguration des paramètres du système, de l'interfaçage avec les autres moniteurs à travers le domaine et de l'alerte des administrateurs en cas de détection d'une intrusion.

Enfin, EMERALD permet une analyse de réseau d'entreprise (un domaine de domaines) en définissant une abstraction globale de l'ensemble de domaines formant le réseau considéré. Les moniteurs correspondant à cette couche d'abstraction s'intéressent aux attaques contre les réseaux comme les vers, les attaques répétées contre les mêmes services dans tous les domaines ou les attaques provenant de différents domaines contre un domaine particulier. La corrélation et le partage des résultats d'analyse permettent à un moniteur identifiant des attaques de propager ses alertes aux autres moniteurs.

L'architecture d'un moniteur EMERALD, présentée dans la figure 3.3, combine des composants basés sur l'analyse de signature et l'inférence probabiliste. Elle comprend trois principaux types d'entités d'analyse: un moteur de profilage (*profiler engine*), un moteur de signatures (*signature engine*) et un décideur (*resolver*) qui interprète les résultats de ces analyses. L'architecture des moniteurs facilite l'ajout de nouveaux moteurs d'analyse (*analysis engine*) et leur suppression. À sa création, chaque moniteur possède deux moteurs d'analyse par défaut: l'analyse par signature et l'analyse statistique de profils ce qui permet de fournir deux formes complémentaires d'analyse des services et des infrastructures réseau. Il est aussi possible d'ajouter d'autres moteurs d'analyse implémentant d'autres modes d'analyse. Un moniteur peut se réduire à un décideur implémentant la politique de réponse en se basant sur les rapports d'intrusion générés par d'autres moniteurs. Il est possible de l'interfacer avec d'autres IDS considérés comme des moniteurs tierce parties.

Les évènements traités par les moniteurs proviennent de différentes sources: données d'audit, paquets du réseau (*network datagram*), trafic SNMP, fichiers de traces, données provenant d'autres IDS, etc. Ces évènements sont vérifiés, filtrés et formatés par des modules spécifiques contenus associés au moniteur. Ensuite, ils sont envoyés aux différents moteurs d'analyse pour être traités.

Figure 3.3 Architecture d'un moniteur EMERALD

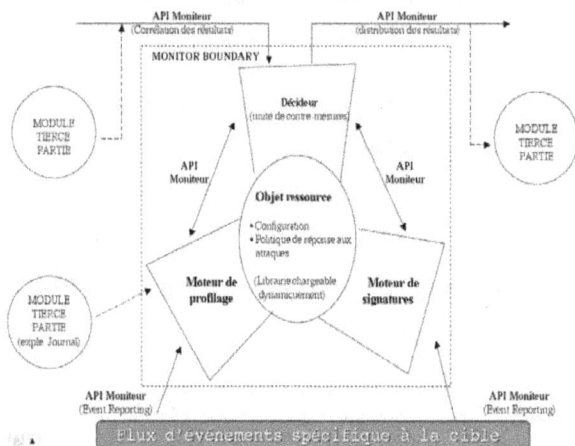

B. SNORT

SNORT [Roesch 01] est un système de détection d'intrusion réseau, permettant d'analyser le trafic en temps réel et d'enregistrer les paquets sur des réseaux IP. Il analyse les échanges et fait la correspondance de contenu afin de détecter une variété d'attaques et de scans, tels que les débordements de tampons, les scans furtifs de ports, les attaques CGI, les scans SMB, les tentatives d'identification de système d'exploitation, etc. SNORT utilise un langage de règles souples pour décrire les critères de sélection du trafic à analyser et son unité de détection a une architecture modulaire (figure 3.4) permettant d'étendre facilement les capacités de détection. La notion de préprocesseur permet d'étendre les fonctionnalités de SNORT en autorisant les utilisateurs et les programmeurs à ajouter ou à supprimer des modules.

Figure 3.4: SNORT

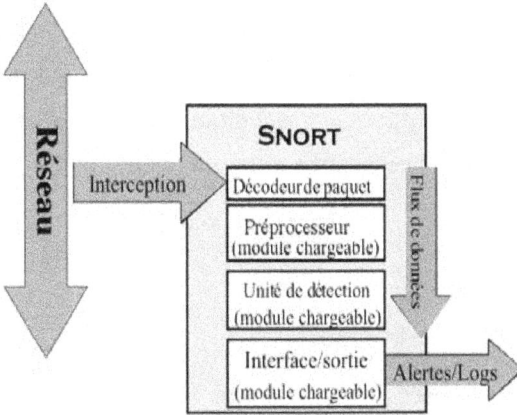

Les modules chargeables dynamiquement (*plugins*) permettent d'étendre les sous-systèmes de détection et de sortie. Les modules disponibles par défaut incluent la journalisation dans une base de données ou en XML, la détection de petits fragments, la détection de ports de scans et la normalisation des URL *http*, la défragmentation IP, le réassemblage de flux TCP et la détection statistique d'anomalies. Les filtres de SNORT sont des filtres standard de style BPF (*Berkeley Packet Filter*). Ces filtres permettent d'intercepter un trafic spécifique en se basant sur les adresses IP source et destination ou un protocole particulier.

La syntaxe des règles SNORT est relativement simple et souple, et permet de construire des règles puissantes. Une règle s'écrit totalement sur une seule ligne et se divise en deux parties principales: l'entête et les options de la règle.

- *L'entête de règle:* cette partie contient quatre champs: 1) l'action de la règle; 2) le protocole utilisé pour la transmission des données (SNORT prend en compte trois protocoles: TCP, UDP et ICMP); 3) les adresses IP source et destination et leur masque; 4) les ports source et destination sur lesquels il faudra vérifier les paquets. L'action de la règle définit ce que SNORT fait s'il identifie un paquet correspondant aux critères de la règle fournie. Il existe cinq actions dans SNORT:

  - alert: génère une alerte définie et journalise le paquet;

  - log: journalise le paquet;

  - pass: ignore le paquet;

  - activate: se comporte comme une règle alert et active une règle dynamic;

  - dynamic: reste passif jusqu'à l'activation par une règle activate et puis agit comme une règle log.

Exemple:

```
activate tcp !$HOME_NET any -> $HOME_NET 143 (flags: PA;
content:  "|E8C0FFFFFF|\bin|; activates: 1; msg: "IMAP
buffer overflow!";) dynamic tcp !$HOME_NET any ->
$HOME_NET 143 (activated_by: 1; count: 50;)
```

Ces règles permettent à SNORT de déclencher une alerte quand il détecte un débordement de tampon dans IMAP et collecte les 50 prochains paquets destinés au port 143 provenant de l'extérieur de $HOME_NET et destinés à $HOME_NET. La collecte est réalisée par la règle «dynamic». En effet, si le débordement de tampon est réussi, il est probable que des données utiles seront contenues dans les prochains paquets allant au même port de service sur le réseau, d'où l'intérêt de collecter ces paquets pour une analyse ultérieure.

- *Les options de la règle:* cette partie de la règle contient les conditions d'activation de la règle ainsi que le contenu du message d'alerte s'il s'agit d'une alerte. Les conditions d'activation contiennent les informations permettant de décider si oui ou non il faut déclencher une action en fonction du paquet inspecté.

Toutes les conditions permettant d'accepter ou de rejeter le paquet doivent être vraies pour que le paquet vérifie la règle et que l'action correspondante soit enclenchée. Parmi les options, nous pouvons citer:

  msg: crée un message d'alerte et journalise les paquets,

  flags: teste les drapeaux TCP pour certaines valeurs,

  fragbits: teste les bits de fragmentation de l'entête IP,

  dsize: teste la taille de la charge du paquet,

  content-list: recherche un ensemble de motifs dans la charge d'un paquet,

  rpc: regarde les services RPC pour des appels à des applications/procédures spécifques.

Voici quelques exemples de règles SNORT utilisées dans la deuxième architecture[9]:

---

[9] Le serveur de base de données, les médiateurs et l'adjudicateur sont des composants présentés dans la section 3.4

- seul le *meneur* a le droit de se connecter aux médiateurs sur les serveurs sur le port $PORT_MED_LEAD pour lui envoyer les nouvelles requêtes *http*;

```
alert tcp !$LEAD_IP_ADR <> $SERV_IP $PORT_MED_LEAD (msg:
"Tentative   de   connexion   Non-adjudicateur->serveur-
BD";flags: S; classtype: bad-unknown;)
```

- seul le *meneur* a le droit de se connecter à l'adjudicateur sur le port $PORT_ADJ_LEAD pour lui envoyer les informations sur les nouvelles requêtes *http*;

```
alert tcp !$LEAD_IP_ADR <> $ADJ_IP_ADR $PORT_ADJ_LEAD
(msg: "Tentative de connexion Non-meneur->adjudicateur sur
port non autorisé";flags: S; classtype: badunknown;)
```

- seul l'adjudicateur a le droit de se connecter au serveur de base de données;

```
alert tcp !$ADJ_IP_ADR <> $DB_IP_ADR (msg: "Tentative de
connexion     Non-adjudicateur->serveur-BD";flags:     S;
classtype: bad-unknown;)
```

- l'adjudicateur n'a le droit de se connecter au serveur de base de données que sur le port $PORT_DB;

```
alert tcp $ADJ_IP_ADR <> $DB_IP_ADR !$PORT_DB (msg:
"Tentative de connexion adjudicateur->serveur-BD sur port
non autorise";flags: S; classtype: bad-unknown;)
```

De plus, SNORT permet aussi de détecter toutes les attaques connues en se basant sur leurs signatures. Il sera utilisé sur le *meneur* pour identifier les requêtes suspectes.

Chaque attaque possède ses particularités, SNORT ne repère une attaque que si elle est répertoriée dans sa base de signatures d'attaques. Ci-dessous quelques exemples:

- la signature du ver CodeRed:

```
alert tcp any any -> any 80 (msg: "CodeRedII Overflow";
flags: A+; content:"|46309a02 0000e80a 00000043 6f646552
65644949008b1c24 ff55d866 0bc00f95|"; depth:624;)
```

- la signature du ver Slammer:

```
alert    udp    $EXTERNAL_NET    any    ->    $HOME_NET    1434
(msg:"W32.SQLEXP.Worm propagation"; content:"|68 2E 64 6C
6C 68 65 6C 33 32 68 6B 65 72 6E|"; content:"|04|";
offset:0; depth:1;)
```

- la signature du ver Witty:

```
alert udp any 4000:5000 -> any any (msg:"Witty Initial
Traffic";content:"|29202020202020696e73657274207769747479
206d657373616765208657265|";rev:1;)
```

Protocole d'accord

La diversification fonctionnelle avec un vote sur le résultat est une approche souvent utilisée pour la construction des systèmes tolérant aux fautes accidentelles et aux intrusions. C'est dans ce cadre que nous avons besoin d'étudier les protocoles d'accord.

De nombreuses études ont été menées pour résoudre ce problème dans les systèmes répartis tolérant aux fautes. Pour maîtriser la complexité de ce problème, il faut définir clairement les hypolivres considérées sur le modèle temporel du système et sur les fautes pouvant affecter ses composants. Pour le modèle temporel du système, il faut définir s'il s'agit d'un système synchrone ou asynchrone. Pour les fautes considérées, il s'agit de définir les modes de défaillances et les modèles de fautes pouvant affecter les composants du système: fautes franches (arrêt sur défaillance), fautes transitoires, fautes temporaires ou fautes byzantines.

Nous utilisons un algorithme de protocole d'accord en supposant que tous les composants non défaillants renvoient la même valeur correcte et que nous interrogeons seulement les composants non suspects alors que les autres sont isolés jusqu'à leur réinitialisation. Dans le cas du régime simplex, le protocole d'accord n'est pas exécuté.

Notre version de l'archvitecture met en œuvre un protocole d'accord dérivé d'un algorithme proposé par Rothstein [Rothstein 99] permettant d'identifier l'entier qui apparaît le plus souvent parmi les éléments d'un tableau A contenant N entiers positifs (N>0), si un tel élément existe.

Définissons:

- $\sigma(a,b) = \begin{cases} 1 & a=b \\ 0 & a \neq b \end{cases}$

- $\#A_{i,j}(b) = \sum_{k=i}^{j} \sigma(A[k],b)$ $\Rightarrow$ nombre d'occurence de b dans A[i..j]

- $M(A,i,j) = \begin{cases} 0 & \nexists k\ \#A_{i,j}(b) > \frac{j-i+1}{2} \\ b & \exists b : \#A_{i,j}(b) > \frac{j-i+1}{2} \end{cases}$ $\Rightarrow$ retourne la l'élement majoritaire dans A[i..j] s'il existe sinon retourne 0

- $P(A,i,j) = b : \left\{ \forall c : \#A_{i,j}(b) = \#A_{i,j}(c) \right\}$ $\Rightarrow$ retourne un élément qui apparaît au moins autant de fois que tout autre élément de A[i..j]

- $M'(A,i,j) = \begin{cases} \text{indéfini} & \text{si } M(A,i,j)=0 \\ b & \text{si } M(A,i,j)=b,\ b \neq 0 \end{cases}$ $\Rightarrow$ M'(A,i,j) doit retourner une valeur valide s'il y a majorité, sinon retourne n'importe quelle valeur

Nous présentons ci-dessous les algorithmes de calcul de M'(A,1,N) et M(A,1,N), les preuves formelles de l'exactitude de ces algorithmes (initialisation, maintenance, terminaison, exactitude) sont présentées dans [Rothstein 99].

Algorithme pour M'(A,1,N)

```
M'(A,1,N) {
    i=j=1
    k=2
    b=A[1]
    tant que (j<N)
            j++ ;
            si (A[j]==b)
       k+=2
            sinon
          si (j==k)
            i=j
            b=A[j]
            k=k+1
            finsi
            finsi
        fin tant que
    retourner b
}
```

Algorithme pour M(A,1,N)

```
M'(A,1,N) {
    b=M'(A,1,N)
    cmpt=0
    i=1
    tant que (i<=N)
            si (A[i]==b)
                cmpt++
            finsi
            i++
        fin tant que
        si (cmpt > N/2)
            retourner b
        sinon
            retourner 0
        finsi
}
```

Test d'intégrité à distance

Un test d'intégrité vise à détecter des modifications non-autorisées apportées à des données et fichiers. Un des outils les plus utilisés dans ce domaine est *Tripwire* [Kim et al. 93] qui permet d'effectuer une vérification périodique des disques (permissions, date d'accès, date de modification, taille, signature, etc.) et de détecter toute modification par rapport à des données de référence préalablement calculées et stockées dans sa base de données. Cependant, ces outils sont faits pour être utilisés localement, dans un état sûr: un logiciel malveillant pourrait changer l'exécuteur du test d'intégrité pour l'empêcher de détecter une modification. Dans le cas d'un test d'intégrité à distance, ces outils ne sont plus fiables, par exemple un attaquant pourrait calculer la réponse correcte et modifier les données tout en étant capable de répondre correctement sur demande.

Nous voulons vérifier l'intégrité de données stockées sur des serveurs ou mandataires distants. Il y a deux contraintes qui s'imposent: d'une part, tout système informatique peut être attaqué avec succès donc nous ne pouvons pas faire confiance au résultat d'un simple contrôle d'intégrité exécuté localement sur les serveurs. D'autre part, télécharger les fichiers à partir des serveurs distants pour les vérifier n'est pas une solution envisageable en raison des coûts de communication et de stockage. Dans cette section, nous proposons deux solutions: l'une basée sur le protocole de Diffie-Hellman et l'autre basée sur les protocoles de défi-réponse [Deswarte et al. 03b].

A. Solution cryptographique

Nous décrivons, dans cette section, une solution générique basée sur le protocole de Diffie-Hellman proposée par Jean-Jaques Quisquater. Notons:

- m: la valeur du fichier à vérifier sur un serveur distant (entier)

- *N:* un modulo RSA, d'une longueur d'au moins 1024 bits, produit de deux nombres premiers; cette valeur est publique et donc connue de tous, y compris des attaquants malveillants dotés d'une grande capacité de calcul;

- *phi(N)* = *L:* est une valeur secrète connue uniquement par le *vérifieur;* cette valeur est le résultat de la fonction d'Euler (si *N* = pq alors *L* = (p-1)(q-1)).

- *a:* un entier entre 2 et N-2; cette valeur est choisie aléatoirement et elle est publique;

Le protocole se déroule comme suit:

- le *vérifieur* calcule hors-ligne et stocke la valeur: $M = a^m \bmod N$ (1)

ce calcul est facilité par la connaissance de *L*, le théorème d'Euler nous permet de remplacer *m* par (*m* mod *L*) d'une longueur proche de 1024 bits indépendamment de la longueur du fichier protégé et par l'utilisation du théorème des restes chinois exploitant la connaissance des nombres premiers;

- le *vérifieur* choisit une valeur aléatoire *r* et envoie au serveur la valeur:

- le *vérifieur* calcule: $C = M^r \bmod N$ (4)

et vérifie que B = C grâce à l'équation (5) qui est une déduction directe de (1) et (4): $B = A^m \bmod N = a^{rm} \bmod N = M^r \bmod N = C$ (5)

La sécurité de ce protocole est liée à la sécurité du protocole de Diffie-Hellman. L'assurance que la réponse est calculée sur demande est assurée par la génération aléatoire de *r*. Cet algorithme nécessite des optimisations pour pouvoir s'intégrer dans un système réel.

B. Le protocole défi-réponse

Nous présentons maintenant une autre solution que nous avons implémentée. Dans cette solution, le *vérifieur* envoie périodiquement une requête au serveur pour calculer une empreinte d'un fichier particulier et lui retourner le résultat. Ensuite, le *vérifieur* compare le résultat retourné par le serveur à un résultat préalablement calculé et stocké localement pour le même fichier.

Une implémentation simplifiée de ce protocole s'avère inefficace: un attaquant peut pré-calculer et stocker les empreintes de tous les fichiers qu'il veut corrompre. Il sera capable de retourner le résultat attendu par le vérifieur alors que les fichiers ont été modifiés. Il faut modifier le protocole pour garantir que le calcul des empreintes est fait à la demande, sur une version fraîche du fichier.

Ceci peut être assuré en rajoutant un *défi* C dans la requête. Dans ce cas, le serveur doit calculer une réponse R en fonction du défi C et du contenu du fichier à vérifier.:

$R = H(C|F)$ / H: fonction de hachage, F: fichier à vérifier (1)

Le défi doit être difficile à deviner par l'attaquant et doit être changé à chaque requête. Donc il ne s'agit plus d'une simple comparaison de deux empreintes du même fichier. Une solution serait de garder une copie de tous les fichiers que nous voulons contrôler sur le *vérifieur*. Mais cette solution ne serait pas pratique si le nombre des fichiers et le nombre de serveurs à vérifier sont importants.

Une meilleure solution consisterait à utiliser deux fonction *f* et H telles que l'une est tenue secrète et l'autre est rendue publique. La fonction H est une fonction de hachage à sens unique (*one-way function*) et la fonction f vérifie:

$f(C, H'(F)) = H(C|F) = R$ / F: fichier à vérifier (2)

Malheureusement, nous n'avons pas trouvé des fonctions *f* et H satisfaisant cette propriété. Pour résoudre ce problème, nous considérons un nombre fini N de défis aléatoires générés hors-ligne pour lesquels nous calculons, toujours hors-ligne, les réponses correspondantes. Ces défis et ces réponses seront stockés sur le vérifieur. Périodiquement, un des N défis est envoyé au serveur et la réponse est comparée au résultat stocké sur le vérifieur. Pour garantir qu'un défi différent est envoyé à chaque requête et empêcher que l'attaquant ne puisse pas deviner le prochain défi, le serveur doit être redémarré avec une certaine fréquence[10] de manière à vérifier la propriété suivante:

N > (fréquence du protocole défi-réponse pour un même fichier) / (fréquence de redémarrage) (3)

L'attaquant pourrait garder une copie des fichiers corrompus ce qui lui permettra de répondre correctement aux défis du vérifieur. Mais ce comportement est facilement détectable par un contrôle d'intégrité sur les répertoires concernés ou par des IDS dédiés à détecter ce type de comportement anormal. Il peut aussi être empêché par une limitation stricte des ressources disques sur le serveur.

---

[10] le redémarrage permet le «rajeunissement» du logiciel [Trivedi et al. 97]

La table des réponses stockées sur le vérifieur est composée de N entrées, chacune contenant le défi et la réponse correspondante. Afin de réduire la taille de cette table, nous exploitons la technique présentée dans [Lamport 81]: au lieu de générer N défis différents pour chaque fichier, un seul défi CN est généré aléatoirement, pour générer les autres défis:

$C_i = H(C_{i+1})$ / i allant de (N-1) à 1 (4)

La table contient donc le dernier défi CN, les N réponses pré-calculées et le nombre N. Les défis sont envoyés dans un ordre croissant depuis C1 jusqu'à CN. Chaque défi est calculé dynamiquement par le vérifieur:

$C_i = H^{(N-i)}(CN)$ / $H^k(X) = H(H^{k-1}(X))$ et $H^1(X) = H(X)$ (5)

C. Déploiement dans notre architecture

Dans notre architecture, les vérifieurs sont exécutés par les mandataires tel qu'illustré par la figure 3.5. Périodiquement, chaque vérifieur exécute un défi-réponse pour contrôler l'intégrité de chaque serveur d'application et chaque autre mandataire. Le protocole de défi-réponse (PDR) vérifie l'intégrité de certains fichiers, répertoires ou tables sur les serveurs d'application et les autres mandataires et satisfait les objectifs suivants:

- Un mandataire qui ne reçoit pas de requête à partir d'un autre mandataire pendant une durée déterminée, génère une alerte.

- Un mandataire qui envoie une requête à un serveur ou à un autre mandataire et ne reçoit pas de réponse pendant une durée déterminée, génère une alerte.

Le protocole défi-réponse a été créé pour vérifier l'intégrité de certains fichiers qui ne doivent pas être modifiés dans le cadre d'un fonctionnement normal du système, comme certains fichiers système (exemple: les fichiers relatifs au lancement du système d'exploitation) et les fichiers de sécurité (exemple: /etc/passswd pour les systèmes UNIX). De plus, le système délivre des pages *html* pouvant être des fichiers statiques *html* ou générées dynamiquement par des scripts CGI, ASP, etc. Donc, il est important pour garantir la cohérence de tous les serveurs d'application de vérifier l'intégrité des fichiers *html* ainsi que des scripts.

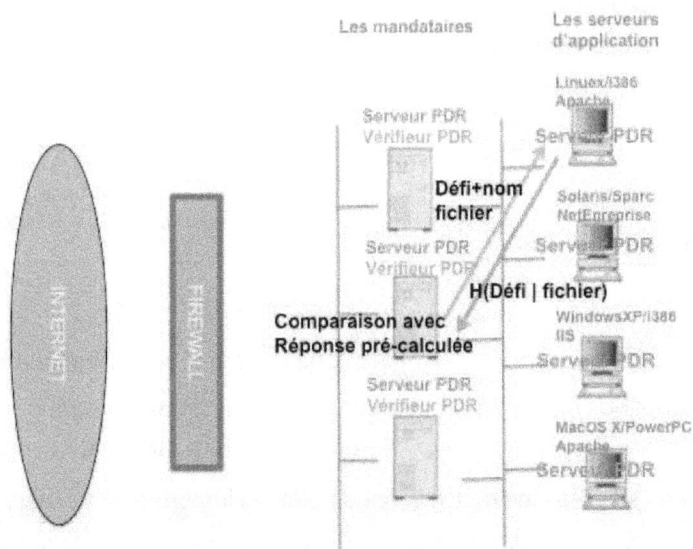

Figure 3.5 Déroulement d'une instance de protocole de défi-réponse

Comme les serveurs sont redémarrés périodiquement pour assurer la «rajeunissement» des applications qui s'exécutent sur les machines (*software rejuvenation*), il y a une relation entre la fréquence d'exécution du PDR (f), la durée d'exécution d'une instance du PDR (d, tel que f>1/d), le nombre de fichiers à vérifier (n) et le nombre de serveurs d'application (NBserv):

(n x N x NBserv / f) >= période de redémarrage (6)

La valeur minimale de 1/f correspond à la valeur maximale de la durée d'exécution d'une instance du PDR. Cette valeur correspond à l'exécution du PDR sur le plus grand fichier.

N	1/f	N	Table size
50	5 s	87	~578 Kbytes
500	1 s	44	~2. 92 Mbytes
5000	0 ,7 s	7	~4.76 Mbytes

Le tableau ci-dessus présente la taille de la table des réponses précalculées en fonction de *n*, 1/*f* et *N*, en considérant 4 serveurs à tester et une période de 24 heures entre deux redémarrage des serveurs.

Vérification en ligne

A. Principe

La majorité des outils de vérification formelle analysent statiquement un modèle du système au lieu de tester le système lui-même, c'est le cas des outils de vérification de modèles (*model checking*). Si ce modèle s'avère inexact ou incomplet, d'importants aspects du système réel ne sont pas pris en compte. De plus, les spécifications utilisées pour construire ce modèle peuvent elles-mêmes être incomplètes, incorrectes ou faisant des hypolivres implicites qui ne sont pas respectées pendant l'exécution du système.

La vérification en ligne (*Runtime verification*) [Levy et al. 02] essaie de résoudre ces problèmes en vérifiant que l'*état* du système à l'exécution satisfait les propriétés exigées. Il s'agit ici de vérifier ces propriétés pendant le fonctionnement du système. La vérification en ligne permet aussi de tester des propriétés du système qui ne peuvent pas être complètement vérifiées hors-ligne. Ceci est particulièrement vrai quand le système comprend des composants sur étagère tels que des systèmes d'exploitation ou des bibliothèques et quand les propriétés à satisfaire incluent la sécurité et la performance. L'objectif est de trouver des moyens fiables pour contrôler ces propriétés pendant le fonctionnement du système. En particulier, il est important de s'assurer que toute violation de ces propriétés sera reportée en temps réel dès son occurrence.

Il faut donc définir un état du système et le moyen de l'observer. Un *état* du système est défini comme un ensemble de valeurs associées à des variables du système. Le choix de ces variables est un choix de modélisation qui dépend du niveau d'abstraction considéré. On appelle *moniteur* un module qui observe l'état du système, récupère des informations sur les variables associées à cet état et les met à la disposition d'autres moniteurs ou composants. Le rôle principal d'un moniteur est de reporter toute violation des propriétés observées.

Le moniteur observe l'évolution des variables représentant l'état du système, qui permettent de vérifier si cet état satisfait ou non les propriétés de sécurité et de performance exigées. Il peut être placé dans le code de l'application ou dans le système d'exploitation. Il peut être composé de plusieurs moniteurs ou d'une seule application avec différents modules pour observer différentes facettes du système.

B. Déploiement dans l'architecture DIT

Nous avons implémenté un moniteur qui observe de près le comportement des mandataires que nous appelons simplement «*vérifieur en ligne*». Le code des mandataires a été instrumenté pour suivre l'évolution de leur exécution pas par pas et ainsi détecter tout comportement qui ne soit pas conforme à notre implémentation. En particulier, ceci permet d'identifier les attaques qui agissent en insérant des instructions malicieuses en mémoire à la place des instructions originales qui doivent être exécutées par le programme. Ceci correspond, par exemple, à des attaques de types débordement de tampon.

Les vérifieurs en ligne sont des moniteurs qui s'exécutent sur les différents mandataires et permettent de vérifier que ceux-ci se comportent correctement. En effet, pour chaque type de mandataire (*meneur, adjudicateur et mandataire auxiliaire*), nous construisons une machine à état décrivant le comportement « normal » attendu par le mandataire dans les différentes situations correspondant aussi bien au fonctionnement nominal du mandataire que des situations d'urgence.

La figure 3.6 présente la machine à état modélisant le comportement du *meneur*[11]. En fait, le vérifieur en ligne correspondant au *meneur* attend de recevoir les signaux envoyés par celui-ci pour identifier son état actuel et vérifier ci cela

---

[11] Les autres automates modélisant les autres mandataires sont présentés dans l'annexe A.

correspond à une transition permise dans l'automate qui le modélise. Par exemple, si le *meneur* reçoit des réponses différentes et qu'il n'arrive pas à trouver une majorité, il faut absolument que le prochain message signale au moniteur correspondant qu'il a choisi un autre serveur pour traiter la requête. Si le moniteur reçoit un message correspondant à tout autre état ou qu'il ne reçoit pas de message du tout ou qu'il reçoit un message avec un code qui ne correspond à aucun état connu, il conclut le *meneur* est corrompu et alerte les autres.

Les vérifications sont effectuées pour chaque requête (IDR) séparément et l'état du *meneur* correspond à l'ensemble des états relatifs à chaque requête prise individuellement. Une requête qui mène à l'état corrompu fait basculer l'état global du *meneur* vers l'état corrompu[12].

En fait, cet automate représente le fonctionnement du *meneur* dans sa fonction de médiateur entre les clients et les serveurs d'application. À chaque étape de son exécution, le *meneur* envoie le code de l'état dans lequel il se trouve au vérifieur en ligne. Cet automate ne modélise pas ce qui est relatif à l'identification des serveurs corrompus, leur isolement et redémarrage et toute autre décision correspondant à la politique de tolérance, car cela fait partie du fonctionnement de base du *meneur*.

Nous pouvons aussi corréler les comportements des différents mandataires, c'est-à-dire par exemple quand le *meneur* reçoit une nouvelle requête *http* valide (L_VALID_RQ) et qu'il signale à son

---

[12] L'état corrompu ne figure pas dans l'automate. En effet, toute transition qui ne figure pas dans l'automate peut être considéré comme menant à cet état.

vérifieur en ligne qu'il a généré les paramètres de la requête (L_GENERATE_PARAM) et qu'il les a envoyés à l'*adjudicateur*[13] (L_SEND_PARAM_ADJ), il faut vérifier qu'après un certain délai le vérifieur de l'*adjudicateur* a bien reçu un message de ce dernier l'informant qu'il a reçu les paramètres de la nouvelle requête.

Figure 3.6 Automate modélisant le comportement du *meneur*

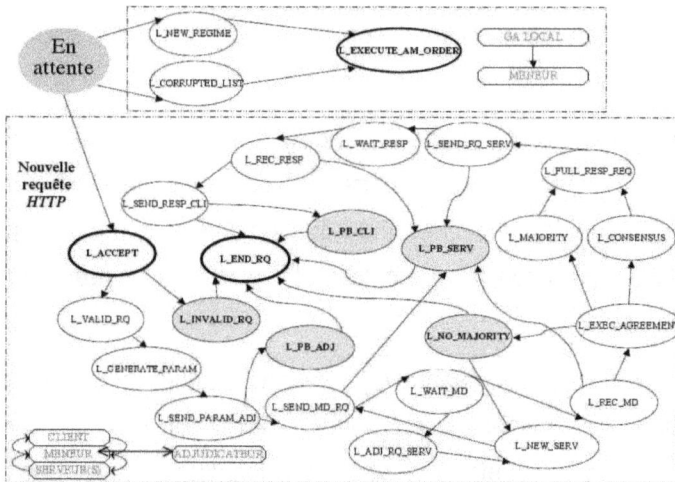

3.3.3. La politique de tolérance aux intrusions: gestion des répliques et réponse aux alertes

Nous présentons dans cette section la politique de tolérance aux intrusions mise en œuvre par SRI dans la version *mono-mandataire* [Valdes et al. 02]. Ensuite, nous détaillons les extensions effectuées dans le cadre de l'architecture *multi-mandataires* développée au LAAS.

---

[13] Rappelons que l'adjudicateur est un nouveau mandataire dans la deuxième architecture.

Politique de tolérance aux intrusions: cas de l'architecture mono-mandataire

Rôle du meneur

Une fonction importante du *meneur* consiste à gérer les serveurs d'application redondants et diversifiés. Il s'agit de faire un compromis entre améliorer les performances du système d'une part, et assurer l'intégrité des réponses retournées aux clients d'autre part.

La figure 3.7 représente les étapes importantes dans la gestion des serveurs d'application: 1) choix des serveurs responsables du traitement la nouvelle requête; 2) identification d'un quorum suffisant parmi les répliques; 3) identifier les serveurs suspects s'il en existe.

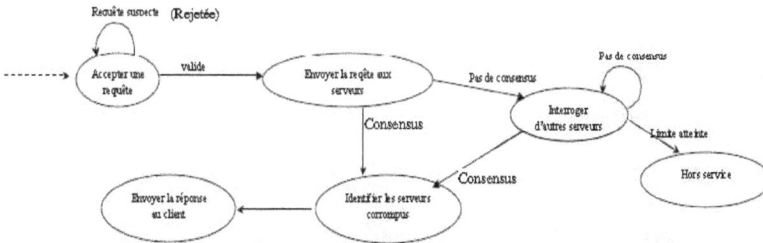

Figure 3.7 Fonctionnement du *meneur* : gestion des serveurs d'application

Le *meneur* doit répartir la charge de travail parmi les différents serveurs. Il faut que cette répartition soit la plus aléatoire possible pour empêcher les attaquants de prédire quels serveurs traiteront leurs requêtes. L'adaptation du régime de fonctionnement au niveau d'alerte dans le système est précisée dans une *politique* qui spécifie quelles actions réaliser si aucun quorum n'est atteint et quel régime instaurer en réponse aux divers événements qui peuvent survenir.

Cette politique doit aussi spécifier le comportement du système face à la détection d'intrusion ou d'anomalies et à quel moment on peut revenir au régime bénin.

Une politique simple peut stipuler que s'il n'y a pas de majorité, le *meneur* sollicite un seul autre serveur alors qu'une politique plus conservatrice imposerait le passage en régime maximal dès la réception de réponses différentes. Nous pouvons aussi envisager une politique probabiliste (dans ce cas, on associe un indice de confiance à chaque serveur d'application et tant que l'indice maximal parmi les serveurs choisis ne dépasse pas un seuil donné, on sollicite un serveur de plus).

La sécurité d'un régime donné dépend de la qualité des mécanismes de détection et du modèle de fautes considéré. Plus on augmente le régime, plus le risque de renvoyer une réponse incorrecte diminue et plus les chances d'identifier les composants corrompus augmentent.

Le gestionnaire des alertes

La politique de tolérance aux intrusions est implantée dans le gestionnaire des alertes (GA, en anglais *Alert Manager*) exécuté par les mandataires. Chaque GA reçoit les alertes des différents mécanismes de détection et les analyse pour mettre à jour l'état des différents composants à savoir *correct*, *corrompu* ou *suspect*.

Les alertes sont des indications sur des éventuelles intrusions dans le système. Les mécanismes de détection inclus dans l'architecture n'ont pas tous la même précision dans la détection des attaques. Certains IDS peuvent générer un grand nombre d'alertes qui ne correspondent pas toujours à une corruption du système (fausses alarmes) alors que le protocole de défi-réponse et le protocole d'accord, par exemple, génèrent des alarmes correspondant vraisemblablement à des attaques réelles.

Les alertes proviennent directement de la détection de possibles attaques en cours ou correspondent à des conséquences d'intrusions réussies. Par exemple, si le *meneur* envoie une requête à trois serveurs et que deux d'entre eux renvoient la même réponse alors que le troisième retourne une réponse différente, nous pouvons conclure que le troisième est très probablement *corrompu* et qu'il faut l'isoler pour le redémarrer.

La réaction du système face aux alertes peut consister en différentes actions:

- bloquer temporairement les adresses IP suspectes en reconfigurant le pare-feu;
- augmenter le régime le régime de fonctionnement;
- augmenter la fréquence et la couverture du protocole de défi-réponse;
- isoler et redémarrer les composants corrompus, etc.

Le choix des mesures à prendre dépend de l'état actuel du système, du rôle du composant *suspect* (*meneur*, serveur, etc .)et de la nature de l'alerte.

Ces fonctions critiques pour la sécurité du système sont assurées par le GA sur le *meneur*, seul mandataire de l'architecture SRI conçu pou être très robuste et difficile à corrompre. Cependant, un mandataire unique représente un point dur dans le système d'où l'intérêt d'une politique de tolérance aux intrusions distribuée sur différents mandataires.

Politique de tolérance aux intrusions: cas d'une architecture multi-mandataires

Dans cette architecture, il y a un *meneur* et un ou plusieurs mandataires auxiliaires. La politique de tolérance aux intrusions est implantée sur l'ensemble des mandataires, avec sur chacun un gestionnaire d'alertes (GA). Cette politique spécifie: 1) les règles de gestion des alertes 2) quand , comment, et qui commence un *vote* 3) le recouvrement d'une intrusion 4) le protocole d'élection du *meneur* 5) le protocole du changement de régime.

Le gestionnaire des alertes

Rappelons que le gestionnaire des alertes est un programme qui s'exécute sur tous les mandataires. Il implémente la politique de tolérance aux intrusions qui a été définie par les administrateurs. En particulier, tous les GA décident des mesures à prendre face aux alertes.

Chaque GA est à l'écoute des alertes provenant:

- du module spécifique[14] *meneur* s'il s'exécute sur le *meneur*;

- du processus *vérifieur* du protocole de défi-réponse qui s'exécute sur la même machine;

- du système de détection d'intrusion;

---

[14] Deux processus peuvent s'exécuter sur chaque mandataire: le GA et un module spécifique au rôle du mandataire (par exemple, *meneur*) assurant le traitement des requêtes des clients. Un mandataire auxiliaire ne possède pas de module spécifique.

- du *vérifieur en ligne* correspondant au rôle du mandataire sur lequel il s'exécute;

- des autres GA sur les autres mandataires.

Il est organisé en plusieurs modules. Un module est dédié à la prise de décision et plusieurs autres modules sont dédiés à traiter différents types d'alertes.

Quand le GA reçoit une alerte à propos d'un composant donné (mandataire ou serveur), il vérifie si ce composant est déjà déclaré *corrompu* dans sa table. Si c'est le cas, la seule possibilité est qu'il est obligatoirement déjà isolé et en cours de redémarrage donc il ignore l'alerte. Si l'état actuel du composant est *correct* ou *suspect*, il vérifie l'origine de l'alerte:

- Pour les alertes locales, il analyse l'alerte (type et priorité) et met à jour l'état du composant suspect. Ensuite, il commence un *vote* sur le nouvel état du composant (par exemple: « le serveur S est déclaré *suspect* par l'IDS » ou « le mandataire M est déclaré corrompu par le protocole de défi-réponse ») en envoyant un message aux autres mandataires. Il attend les réponses et selon l'avis de la majorité, il annule ou garde la mise à jour. Si le nouvel état est corrompu, il envoie une proposition sur les mesures à prendre. Il s'agit d'un message informatif puisque la vision de l'état du système ainsi que la politique de tolérance aux intrusions (qui décrit les décisions à prendre dans les différentes situations) doivent être les mêmes sur tous les mandataires: c'est la cohérence des mandataires. Le GA, quant à lui, est chargé d'exécuter ses mesures.

- S'il s'agit d'une alerte qui provient d'un autre mandataire, le GA prend en compte la source de l'alerte et l'état courant de l'élément *accusé* dans sa table. S'il a la même information, il renvoie son accord immédiatement sinon il attend une certaine durée avant de répondre, considérant a priori qu'il s'agit de la latence de détection ou de la latence de propagation de l'information. Une fois cette durée expirée, il re-vérifie sa table et s'il y a changement d'état, il dispose alors d'une information cohérente avec l'alerte reçue, il envoie son accord; dans le cas contraire, il envoie un désaccord. Le message est envoyé à tous les mandataires et non seulement à celui qui a envoyé l'alerte.

- S'il s'agit d'une alerte d'un mécanisme de détection distant, il exécute les mêmes étapes que s'il s'agissait d'une alerte locale.

Avant de commencer un *vote*, le GA vérifie qu'il n'y a pas un autre vote en cours à propos du même *accusé*.

Le vote

Chaque mandataire a le droit de commencer un *vote* pour vérifier la corruption ou non d'un composant. Un mandataire qui reçoit une alerte de la part de l'un des mécanismes de détection d'erreurs exécute l'algorithme suivant:

vérifier s'il y a un vote en cours à propos de ce composant sinon compteur_alertes ++ si état_accusé=corrompu

```
vérifier s'il y a un vote en cours à propos de ce composant
sinon
compteur_alertes ++
si état_accusé=corrompu
        Ne rien faire
Sinon
 Si état_accusé=suspect ou correct
        si type_alerte ∈ (CRP, protocole d'accord)
            état_accusé ← corrompu
        fin si
        si type_alerte ∈ (IDS)
            Si compteur_alertes < Nmax
                état_accusé ← suspect
            Sinon
                état_accusé ← corrompu
            fin si
 sinon
  Si état_accusé=corrompu
     exécuter un protocole d'accord
     si la majorité est d'accord
            exécuter les actions correspondantes
     sinon si la majorité n'est pas d'accord
            état_accusé ← suspect
     sinon (pas de majorité)
            le système hors service
     fin si
 fin si
fin si
```

Figure 3.8 Algorithme du vote

L'algorithme décrit dans la figure 3.8 est exécuté par le GA correspondant au mandataire qui commence le vote. Les autres mandataires reçoivent sa requête concernant la corruption d'un composant de l'architecture, vérifient leurs tables respectives et répondent AGREE si le composant est déclaré corrompu ou suspect chez eux ou DISAGREE s'il est considéré correct.

Recouvrement d'une intrusion

Les mesures à prendre vis-à-vis d'un *accusé* qui est déclaré corrompu dépendent du rôle joué par celui-ci dans l'architecture. En effet, selon que le composant *corrompu* est un serveur, qu'il est le *meneur* ou qu'il est un mandataire auxiliaire, cela change la procédure de recouvrement de l'intrusion.

Il est à noter que la détection d'un composant corrompu dans le système (quel que soit son rôle) déclenche le passage dans un régime plus sévère accompagné de l'augmentation de la fréquence des contrôles effectués par les mécanismes de détection, qui à leur tour, adoptent un mode de fonctionnement plus strict.

Nous rappelons ici que les mandataires sont difficilement attaquables puisque:

- il s'agit de programmes simples développés avec des méthodes rigoureuses garantissant l'élimination de toute faille de sécurité,
- le système d'exploitation est dépouillé de toute fonction inutile,
- le vérifieur en ligne vérifie de près leurs comportements,
- les mécanismes de détection et le vote permettent aux mandataires de se surveiller mutuellement.

A. Recouvrement d'un serveur corrompu

La procédure de recouvrement d'un serveur corrompu consiste à redémarrer celui-ci et donner la main à un autre serveur pour traiter la requête. En fait, nous tolérons qu'au plus la moitié des serveurs soit corrompue simultanément. Un serveur ne joue pas un rôle critique dans le fonctionnement du système, et n'importe quel serveur peut répondre aux requêtes des clients puisqu'il s'agit de serveurs fonctionnellement équivalents.

B. Recouvrement d'un mandataire auxiliaire corrompu

Un mandataire auxiliaire n'intervient pas dans le traitement des requêtes des clients, ses activités de supervision sont transparentes à l'utilisateur. Dès lors, la procédure de recouvrement, dans ce cas, se résume au redémarrage de la machine.

C. Recouvrement du *meneur* corrompu

Le *meneur* joue un rôle critique dans l'architecture, il est très contrôlé par tous les mécanismes de détection prévus dans l'architecture. Il est très difficile d'imaginer une attaque réussie sur celui-ci. Cependant, dès que les autres mandataires détectent la corruption du *meneur*, ils le redémarrent en tant que mandataire auxiliaire alors qu'un mandataire auxiliaire prend sa place et toutes les requêtes en cours sont abandonnées.

D. Élection du *meneur*

Nous avons choisi une procédure simple pour le choix du *meneur*. En fait, il existe une liste ordonnée pour chacun des rôles. Sur chaque liste, les mandataires sont classés selon les critères suivants: 1) le mandataire le plus récemment redémarré est le mieux qualifié et 2) le mandataire déclaré le moins souvent suspect par les mécanismes de détection est le mieux classé.

Les listes sont initialement identiques sur tous les mandataires mais au fil des requêtes et des tentatives d'attaques sur le système, ces listes peuvent être modifiées. Les modifications sont les mêmes sur les mandataires sauf en cas de corruption. Au moment de l'élection, chaque mandataire donne le premier nom sur la liste ce qui permet de vérifier la cohérence des mandataires et de détecter d'éventuelles incohérences. Il est possible d'utiliser un consensus byzantin pour revenir à un état commun cohérent entre les mandataires qui permettrait aussi d'identifier, s'ils existaient, les mandataires corrompus.

3.4. Une architecture tolérant les intrusions pour des systèmes à contenu dynamique

L'architecture précédente a été conçue pour des systèmes statiques. Cependant, certaines applications nécessitent de gérer des données dynamiques en temps réel. Il est difficile d'appliquer l'architecture, sans modification, à des systèmes dynamiques en particulier à cause du niveau de redondance variable. Par exemple, si l'architecture applique un régime n et un client envoie une requête de mise à jour, cette requête sera exécutée par n serveurs. Il faut donc rajouter des mécanismes pour vérifier que ces n serveurs l'exécutent correctement et de manière identique et des mécanismes pour l'appliquer correctement sur les autres serveurs. De plus, il faut résoudre de manière fiable la mise en cohérence des différents serveurs si d'autres mises à jours sont demandées avant la fin de la première mise à jour. Pour cette raison, nous avons décidé de ne garder sur les différents serveurs d'application que les informations stables rarement mises à jour alors que les données qui sont susceptibles d'être fréquemment modifiées seront placées sur un serveur de base de données bien protégé par les mandataires.

Notre objectif est d'étendre la première architecture pour être dynamique tout en gardant les propriétés d'adaptabilité et d'efficacité des mécanismes de tolérance aux intrusions [Saidane et al. 03]. Toutes les requêtes seront exécutées immédiatement sur la base de données. Nous proposons de développer une architecture générique qui traite le cas le plus général. Pour cette raison, nous devons valider les requêtes[15] avant de les envoyer à la base de données.

Nous utilisons dans notre implémentation un serveur de base de données tolérant aux fautes accidentelles[16]: il traite correctement chaque requête *SQL*. Nous nous sommes focalisés sur la validation des requêtes avant de les transmettre à la base de données pour garantir son intégrité. En fait, nous validons toutes les requêtes d'accès à la base de données (requêtes *SQL*) en nous basant sur la redondance avec diversification des serveurs d'application. En particulier, nous supposons que *les serveurs d'application traitant une requête http qui nécessite un accès à la base de données génèrent exactement les mêmes requêtes SQL et dans le même ordre (déterminisme lors de l'exécution).* Cette hypolivre est nécessaire pour le fonctionnement du système qui est basé sur la redondance et la diversification puisque le protocole d'accord sera incapable de distinguer les différences dues à la corruption de certains composants et celles dues au non déterminisme. Cette hypolivre sera validée lors de l'implémentation.

---

[15] il s'agit des requêtes d'accès à la base de données
[16] De tels serveurs tolérant les fautes accidentelles existent dans le commerce. Par exemple, *MySQL* ou Oracle.

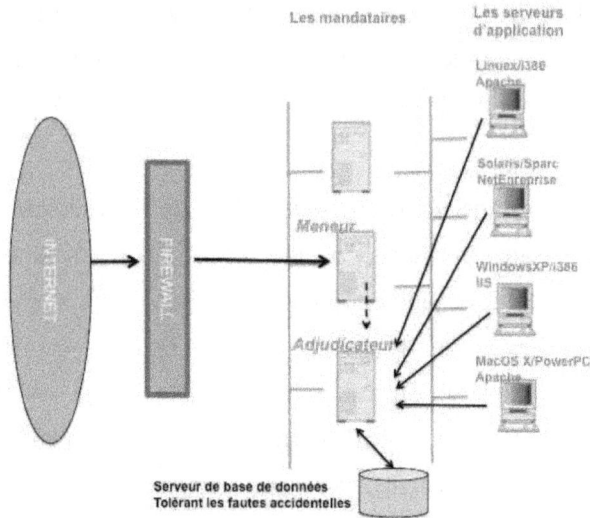

Figure 3.9. Architecture DIT pour les serveurs Internet dynamiques

3.4.1. Composants

Nous conservons les mêmes composants que ceux de l'architecture précédente, mais nous ajoutons deux fonctions importantes (figure 3.9): l'*adjudicateur* et le *médiateur*, et nous ajoutons de nouvelles fonctionnalités au *meneur* et au *gestionnaire des alertes* (GA).

Le serveur de base de données

Le serveur de base de données considéré dans notre architecture est supposé tolérant aux fautes accidentelles. Tout composant COTS vérifiant cette propriété peut être utilisé.

Il s'agit généralement d'un système de gestion de base de données (SGBD) transactionnel. Les transactions doivent vérifier les propriétés d'atomicité, de cohérence, d'isolation et de durabilité: 1) les requêtes d'une même transaction sont exécutées de manière atomique de telle manière que soit toutes les requêtes de la transaction sont exécutées soit aucune; 2) une transaction prise individuellement doit faire passer la base d'un état cohérent vers un autre état cohérent; 3) une transaction ne peut observer que des états cohérents de la base (pas d'états intermédiaires d'une autre transaction); 4) lorsqu'une transaction se termine (*commit*) ses résultats deviennent permanents dans la base [Gardarin 03].

Par définition, toute transaction qui modifie les objets de la base doit préserver les contraintes d'intégrité de la base. Aussi, une grande majorité des SGBD considèrent que les utilisateurs connaissent les contraintes d'intégrité de la base et les respectent (ils ne considèrent pas les fautes intentionnelles). Néanmoins, les SGBD fournissent des mécanismes pour gérer la concurrence, des mécanismes de journalisation (*audit*; les fichiers *log*) et des mécanismes de recouvrement. Ces mécanismes peuvent être utilisés pour mettre en œuvre une stratégie de tolérance aux fautes.

• *Gestion de la concurrence:* par définition, une base de données est une ressource partagée. Pour des raisons d'efficacité, le SGBD doit autoriser le traitement simultané de plusieurs transactions et donc gérer la concurrence. Pour gérer les conflits éventuels, il faut définir une stratégie d'ordonnancement (ordonnancement séquentiel, ordonnancement concurrent ou ordonnancement sérialisable). L'objectif de l'ordonnancement est d'aboutir à un état cohérent de la base après exécution de toutes les transactions concurrentes.

• *Journalisation:* le fichier *journal* de la base de données est un élément essentiel de tout système de reprise. Dans ce fichier, le système enregistre non seulement l'activité de toutes les transactions mais également les événements affectant la vie de la base de données. Les mises à jour des données ne sont pas enregistrées immédiatement dans la base. Les modifications sont simplement consignées dans le fichier journal jusqu'à ce que la transaction considérée atteigne son point de validation partielle. Les écritures physiques dans la base sont donc différées. Si la transaction atteint son point de validation partielle, les informations du fichier *journal* sont utilisées pour exécuter les écritures différées. Si la transaction échoue, les informations correspondantes du fichier *journal* sont simplement ignorées.

- *Recouvrement:* les SGBD fournissent des facilités pour pallier les défaillances matérielles ou logicielles. Ces mécanismes sont mis en oeuvre par les modules chargés de la reprise après défaillance. L'objectif de ces mécanismes de reprise est d'assurer le retour à un état cohérent de la base tout en minimisant les pertes:

(1) *Reprise à chaud*: reprise après défaillance provoquant la perte de la mémoire volatile et entraînant une incohérence de la base; il est possible de revenir à un état cohérent antérieur grâce au journal. Ces algorithmes sont généralement basés sur le principe de points de contrôle (*checkpoint*).

(2) *Reprise normale*: fait suite à un arrêt normal du système. La reprise consiste dans ce cas à restaurer le contexte d'exécution des transactions précédemment sauvegardées

(3) *Reprise à froid*: à déclencher après une défaillance affectant la mémoire secondaire. Une partie des données est perdue et la

base est devenue incohérente. La reprise à froid utilise alors un état cohérent précédent ainsi que le journal des activités.

(4) Reprise après une "défaillance catastrophique": on désigne par défaillance catastrophique la situation d'avarie dans laquelle une partie ou la totalité du journal est perdue.

Les serveurs de bases de données tolérant les fautes accidentelles mettent en œuvre d'autres mécanismes[17] permettant de réagir en ligne face à des situations qui pourraient mener traditionnellement à des reprises de type (3) ou (4).

Les mandataires

Pour les mandataires, nous disposons d'un ensemble d'adresses IP correspondant chacune à un rôle déterminé. Le passage d'un rôle à un autre pour un mandataire signifie l'appropriation de l'adresse IP correspondant au nouveau rôle. Aussi, si l'on décide que le *meneur* est corrompu et qu'il faut le redémarrer, le mandataire qui était mandataire *auxiliaire* doit prendre l'adresse IP du *meneur* et celui-ci redémarre avec l'adresse IP auxiliaire. Le pare-feu ne connaît que l'adresse IP du serveur global. Elle correspond à l'adresse du *meneur* sur le réseau Internet et elle est différente de son adresse sur le réseau interne.

Meneur

Le *meneur* n'intervient pas directement dans le processus de validation des requêtes *SQL*. Néanmoins, l'*adjudicateur* (mandataire responsable de gestion de l'accès à la base de données) a besoin d'informations détaillées sur toutes les requêtes *http* acceptées par

---

[17] par exemple : une redondance matérielle (cf. 2.2),

le *meneur* pour pouvoir valider les requêtes *SQL* correspondant à ces requêtes *http*. Pour cela, le *meneur* génère un identificateur (*IDR*) pour chacune des requêtes *http* valides et l'envoie à l'*adjudicateur* ainsi que la liste de serveurs d'application choisis pour traiter la requête *http*. Ces informations sont utiles pour vérifier que seuls les serveurs désignés par le *meneur* peuvent envoyer des requêtes *SQL* pour accéder à la base et qu'ils envoient la même requête *SQL*. Par exemple, considérons une requête *http* R nécessitant un accès à la base de données. Les deux serveurs S1 et S3 sont choisis par le *meneur* pour traiter cette requête. Si l'*adjudicateur* reçoit une requête *SQL* d'un serveur S2 qui se prétend chargé de traiter la requête R, il envoie une alerte à propos de la corruption de S2. S'il reçoit deux requêtes *SQL* (de S1: «write...») et (de S3: «read...»), il contacte le *meneur* pour l'informer qu'il n'y a pas de majorité possible.

À la réception d'une nouvelle requête *http*, le *meneur* exécute les actions suivantes:

- Il vérifie la validité de la requête *http:* si la requête est valide, il génère l'IDR et la liste des serveurs chargés de traiter cette nouvelle requête; si la requête est suspecte (syntaxiquement), il envoie une alerte au GA.

  Pour les requêtes valides, il envoie l'IDR et la liste des serveurs choisis à l'*adjudicateur*. De plus, il modifie l'en-tête de la requête *http* en y insérant l'IDR. Ensuite, le *meneur* envoie l'IDR et la requête *http* aux *médiateur*s sur les serveurs choisis.

- Il se met en attente des réponses

- A la réception des réponses, il exécute un protocole d'accord pour identifier la réponse « correcte » à renvoyer au client et les éventuelles corruptions s'il reçoit des requêtes différentes (figure 3.10).

Il est possible que l'*adjudicateur* ne parvienne pas à identifier une réponse valide sur les requêtes *SQL*. Dans ce cas, le *meneur* sollicite un autre serveur pour traiter la requête *http* d'origine. Le schéma de la figure 3.3 montre que les requêtes *http* sont traitées jusqu'à ce que l'*adjudicateur* réussisse à identifier une requête valide ou que le système soit mis *hors-service*.

En cas de problème, le *meneur* alerte le processus GA local qui est en charge du changement de régime, de l'isolement de certains serveurs ou du passage en état *hors-service*.

Figure 3.10 Fonctionnement du *meneur*

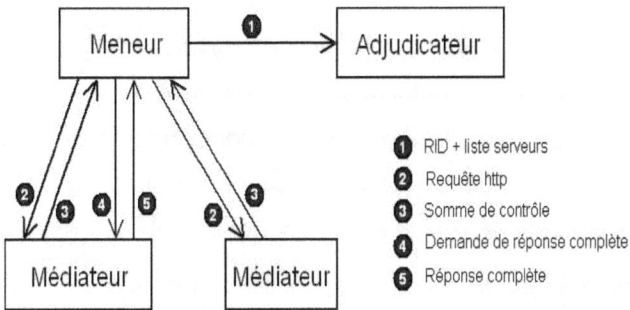

Adjudicateur

C'est l'un des mandataires (figure 3.11) chargé de gérer l'accès à la base de données. Il reçoit du meneur toutes les informations nécessaires pour accomplir sa mission. Il fait la correspondance entre les requêtes SQL qu'il reçoit et les requêtes http traitées par les serveurs d'application en utilisant l'identificateur de requête (IDR). Pour toutes les requêtes SQL portant le même IDR, l'adjudicateur doit vérifier que tous les serveurs émettant ces requêtes figurent dans la liste envoyée par le meneur et doit appliquer un protocole d'accord sur ces requêtes.

Quand il reçoit un message du *meneur* avec un nouvel *IDR*, l'*adjudicateur* se met en attente avec un délai déterminé des éventuelles requêtes *SQL* portant ce même *IDR*. S'il reçoit des requêtes *SQL*, il regroupe toutes les requêtes correspondant au même *IDR* afin d'exécuter un protocole d'accord pour vérifier qu'il s'agit des mêmes requêtes. Le protocole de validation des requêtes *SQL* peut aboutir à l'un des cas suivants (nous prenons l'exemple d'un régime *duplex*, les serveurs 1 et 3 sont sollicités par le *meneur* pour traiter une requête *http* R qui nécessite un accès à la base de données):

- Avant la fin du délai déclenché par l'*adjudicateur*, les serveurs 1 et 3 envoient la même requête. C'est le cas «normal», il y a consensus entre les deux serveurs, donc l'*adjudicateur* envoie la requête au serveur de base de données. Il attend la réponse de la base de données et la renvoie à 1 et 3.

- Avant la fin du délai, les serveurs 1 et 3 envoient deux requêtes différentes. Dans ce cas, il n'y a pas de consensus. L'*adjudicateur* informe le *meneur* qui sollicite un troisième serveur (2) pour traiter la requête *http* d'origine et informe l'*adjudicateur* du serveur choisi. L'*adjudicateur* prolonge la durée de validité de l'*IDR* et attend la requête du nouveau serveur. À la réception de la requête du serveur 2, l'*adjudicateur* exécute à nouveau le protocole d'accord en incluant la requête du serveur 2. S'il y a une majorité, l'*adjudicateur* est capable d'identifier la requête *SQL* valide et il l'envoie au serveur de base de données. De plus, il est capable d'identifier le serveur corrompu et d'alerter le processus GA qui s'exécute sur la même machine. S'il n'y a pas de majorité, il sollicite le *meneur* à nouveau.

Un serveur est déclaré corrompu par l'*adjudicateur* si et seulement s'il envoie:

une requête *SQL* correspondant à un *IDR* expiré;

une requête *SQL* correspondant à un *IDR* qui n'existe pas;

une requête *SQL* correspondant à un *IDR* qui existe mais ce serveur n'a pas été choisi pour traiter la requête *http* correspondante;

une requête *SQL* différente de la majorité des serveurs sollicités pour traiter la requête.

L'*adjudicateur* alerte alors son processus GA local.

• Si l'*adjudicateur* reçoit des requêtes syntaxiquement suspectes des serveurs 1 et 3, il rejette ces deux requêtes et alerte le GA local.

Figure 3.11 Fonctionnement de l'*adjudicateur*

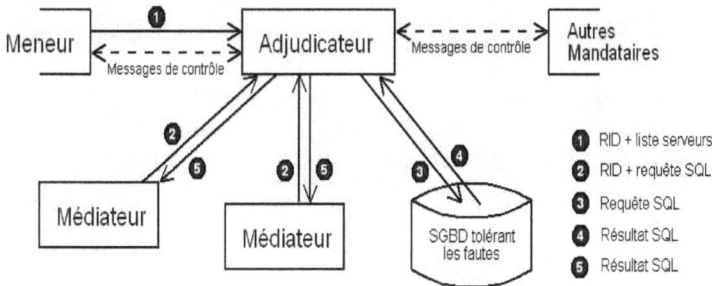

149

Serveurs d'application

Le médiateur

C'est un programme qui s'exécute sur les serveurs d'application (figure 3.12) et qui reçoit les messages du *meneur*, il stocke les identificateurs des requêtes *http* (*IDR*) et transmet les requêtes au serveur Web qui s'exécute sur la même machine. Vu du serveur, le *médiateur* représente la base de données. Ainsi, il récupère les requêtes *SQL* destinées à la base de données et vérifie la validité de l'*IDR* correspondant, c'est-à-dire s'il existe une requête *http* en cours correspondant au même *IDR*. Si la requête est suspecte, il la rejette sinon il envoie l'IDR et la requête *SQL* à l'*adjudicateur*.

Les requêtes reçues du *meneur* peuvent être de deux types: (1) une demande de l'empreinte de la réponse ou (2) une demande de la réponse complète. À la réception d'une requête correspondant à (1), le *médiateur* envoie la requête *http* au serveur Web, calcule l'empreinte sur la réponse complète retournée par le serveur et ensuite, stocke cette réponse dans un fichier temporaire identifié par l'IDR correspondant à la requête. Ce fichier est gardé avec un délai de telle façon à pouvoir l'envoyer au *meneur* si celuici le demande. Ceci permet d'éviter d'envoyer deux fois la même requête au serveur.

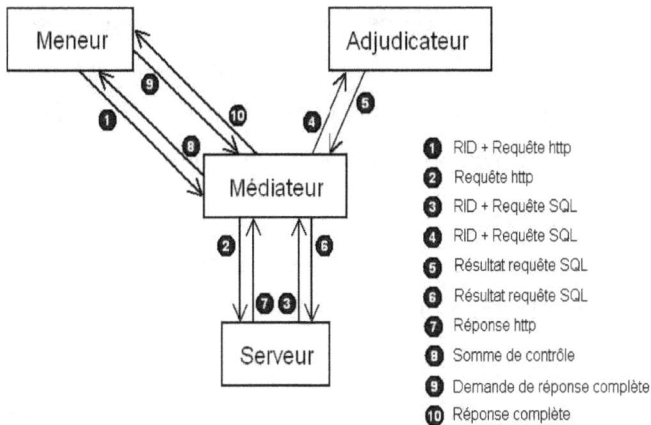

Figure 3.12 Fonctionnement d'un *médiateur*

Bibliothèque d'accès à la base de données

La figure 3.13 présente le fonctionnement nominal d'un accès à une base de données via un serveur Web. L'interface entre le serveur Web et le serveur de base de données consiste en une bibliothèque fournissant les fonctions nécessaires permettant les échanges de données entre les deux serveurs. En fait, chaque fournisseur de base de données doit fournir une bibliothèque spécifique à chaque langage de script (*php*, java, Perl, etc.) permettant les accès à sa base de données. Cette bibliothèque permet notamment le formatage des données dans les deux sens à partir du langage de script vers le langage du SGBD et vice-versa.

Dans notre architecture, le serveur Web ne communique pas directement avec la base de données. En effet, le médiateur joue le rôle de la base de données du point de vue du serveur Web. De plus, le fonctionnement du système repose sur l'hypolivre du déterminisme de l'exécution des scripts sur les différents serveurs. Pour assurer ces deux fonctionnalités avec les meilleures garanties, nous avons remplacé la bibliothèque standard par une bibliothèque que nous avons développée. Cette bibliothèque de fonctions nous permet de:

- mieux contrôler le déterminisme que nous exigeons pour les requêtes d'accès à la base de données;

- faciliter la comparaison des requêtes générées par les serveurs d'application pour accéder à la base de données.

Cette bibliothèque doit être facilement portable à différents SGBD, facilement maintenable (particulièrement en ce qui concerne l'ajout de nouvelles fonctions), et compatible avec le plus grand nombre possible de langages de script utilisés pour le développement de pages Web. Il existe des outils tels que SWIG permettant de générer des bibliothèques pour différents langages de script (*php*, *java*, *perl*, etc.) à partir de modules écrits en C. Nous prenons ici l'exemple du langage l'exemple de *MySQL* et *php*, mais l'architecture pourrait inclure différentes versions de la bibliothèque avec différents langages de script.

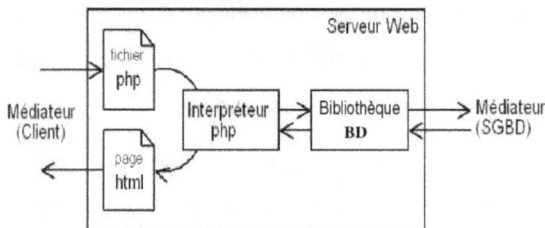

Figure 3.13 Une requête *http* nécessitant un accès à la base de données

Au-delà de l'importance des possibilités offertes par les opérations réalisables, l'accent à été mis sur la transparence de l'utilisation des fonctions disponibles. L'objectif étant que l'intégration au sein de l'architecture tolérante aux intrusions soit invisible pour les développeurs et les utilisateurs. Cela correspond à une interface qui ressemble considérablement aux API disponibles pour accéder à différents systèmes de bases de données. La figure 3.14 représente le format des messages réellement échangés entre le serveur Web, le *médiateur* et l'*adjudicateur* pour accéder à la base de données. Notons que les interfaces des fonctions de notre bibliothèque sont les mêmes que les fonctions de la bibliothèque standard *MySQL* c'est-à-dire que le même script peut s'exécuter sur un serveur standard avec une bibliothèque standard *MySQL* ou sur notre architecture avec notre bibliothèque.

Par exemple, pour se connecter à la base de données *MySQL*, (figure 3.14) il faut utiliser la fonction «mysql_connect» de la bibliothèque standard *MySQL* qui prend comme arguments l'adresse du serveur de base de données, le login et le mot de passe. Notre fonction «mysql_connect» prend exactement les mêmes entrées, ce sont des traitements internes qui permettent d'identifier l'IDR de la requête *http* d'origine nécessaire pour l'étape de validation de la requête réalisée par l'*adjudicateur*. Dans le cas de la bibliothèque standard *MySQL*, l'adresse du serveur est utilisée pour se connecter à celui-ci alors que dans notre cas, elle est ignorée parce que le serveur ne connaît pas l'adresse de la base de données, c'est le médiateur qui joue ce rôle de son point de vue.

```
<?
/* Connexion au serveur de base de donnée
 */
$link = mysql_connect("mysql_server", "login", "passwd")
    or die("Impossible de se connecter :(\n");
echo "Connexion réussie :)\n";
...
?>
```

Notre bibliothèque	Médiateur	Adjudicateur	Serveur de base de données

Mysql_connect (...)

Interfaçage
PHP-->C

IDR#connect#login#passwd

Vérification
Format/IDR

IDR#connect#login#passwd

Protocole
D'accord

Traduction
Requête

Langage spécifique SGBD

résultat   résultat   résultat

Interfaçage
C-->PHP

Génération réponse

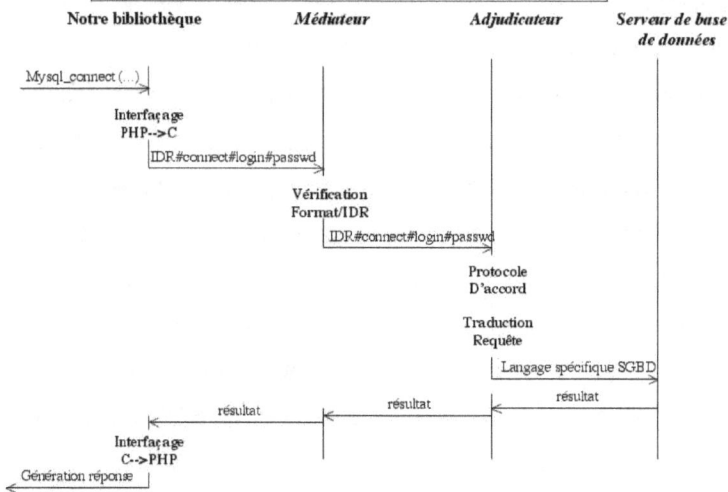

Figure 3.14 Exemple d'exécution de la fonction «connect»

Prise en compte de l'adjudicateur dans la politique de tolérance aux intrusions

L'*adjudicateur* gère l'accès à la base de données. Donc, le bon déroulement d'une requête nécessitant un accès à la base de données dépend de son bon fonctionnement. Néanmoins, à la détection de la corruption de l'*adjudicateur*, le *meneur* est capable de prendre des mesures pour limiter les dégâts provoqués par celui-ci. On distingue deux cas selon que la corruption se traduit par des modifications inappropriées sur la base de données (exemple: destruction ou altération inappropriées de données) ou non. Comme il difficile de différencier les deux cas, nous supposons toujours que l'intrusion a endommagé les données de la base. Dans ce cas, il faut défaire les dernières modifications. Pour faciliter cette procédure, différentes solutions peuvent être envisagées:

- utiliser les mécanismes de recouvrement fournis par les SGBD traditionnels (cf 3.4.1.1);

- utiliser des mécanismes plus sophistiqués tels que ceux qui sont proposés par PASIS (cf. 2.3.2.3) ou AITDB (cf. 2.3.2.5) pour ramener la base dans un état cohérent;

Dans tous les cas, il est impératif de redémarrer l'*adjudicateur* corrompu en tant que mandataire auxiliaire alors que le mandataire auxiliaire prend sa place. Toutes les requêtes en cours sont alors annulées et retransmises par le *meneur* à nouveau vers les serveurs. L'élection d'un nouvel *adjudicateur* se fait de la même manière que pour le *meneur* (cf. 3.3.4.3) tout en essayant dans la mesure du possible de séparer les deux rôles c'est-à-dire ne pas élire le *meneur* pour le rôle d'*adjudicateur*.

3.4.2. Exemples

Dans cette section, nous présentons deux exemples, le premier correspond à une requête qui se passe normalement alors que le deuxième correspond à la détection d'un serveur corrompu. Les deux exemples se déroulent dans le régime *duplex* où chaque requête est traitée par deux serveurs d'application.

Déroulement « normal » d'une requête

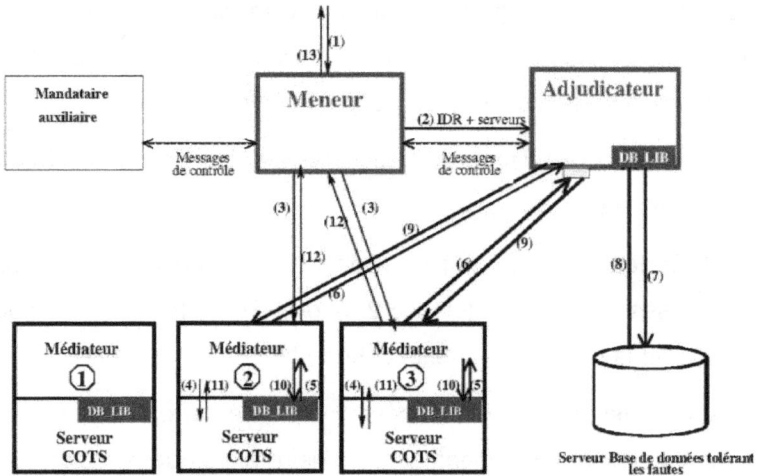

Figure 3.15 Déroulement d'une requête *http* en régime *duplex*

La figure 3.15 illustre le déroulement d'une requête *http* nécessitant un accès à la base de données dans le régime duplex. Quand le *meneur* reçoit une telle requête, les étapes suivantes sont exécutées:

- le *meneur* insère l'IDR dans la requête *http* et l'envoie aux médiateurs des serveurs choisis (3). Il se met alors en attente des réponses (empreinte MD5) avec délai déterminé;

- sur chacun des serveurs chargés de traiter cette nouvelle requête, le médiateur enregistre l'IDR et envoie la requête (4) vers le serveur Web local;

- le serveur Web commence à traiter cette requête qui nécessite un accès à la base de données. Il génère donc sa requête (en utilisant notre bibliothèque d'accès à la base de données) et l'envoie (5) au médiateur qui représente la base de données. Et il attend la réponse;

- le médiateur fait la correspondance avec la requête *http* d'origine et vérifie la validité de l'IDR mentionné dans la requête. Si la requête est valide, il l'envoie à l'adjudicateur (6);

- l'adjudicateur attend la réception des requêtes des deux serveurs pour exécuter un protocole d'accord afin de vérifier qu'il s'agit de requêtes identiques. Dans cet exemple, nous décrivons un fonctionnement normal. Les requêtes sont identiques et l'adjudicateur envoie une requête au serveur de base de données (7);

- le serveur de base de données traite la requête et renvoie la réponse (8) à l'*adjudicateur*;

- l'*adjudicateur* renvoie la réponse de la base de données aux *médiateur*s (9);

- chaque médiateur envoie la réponse (10) au serveur Web local;

- les serveurs continuent à traiter la requête *http*, ils génèrent la réponse complète et l'envoient chacun au médiateur correspondant (11). Chaque médiateur calcule l'empreinte de la réponse (MD5), l'envoie au *meneur* (12) et stocke la réponse complète dans un fichier;

- le *meneur* reçoit les deux empreintes, exécute un protocole d'accord pour vérifier la cohérence des réponses. Ensuite, il envoie une demande de réponse complète à un des serveurs. Une fois reçue, il vérifie que le contenu correspond bien à

l'empreinte MD5 et l'envoie cette réponse complète au client
(13).

Détection de la corruption d'un serveur

Nous prenons, maintenant, l'exemple d'une attaque réussie sur un
serveur qui va tenter de corrompre la base de données. Nous ne
nous intéressons pas à la manière selon laquelle le serveur a été
corrompu mais à la détection de sa corruption et aux mesures
prises pour remédier à cette corruption. L'exemple se passe dans le
régime duplex.

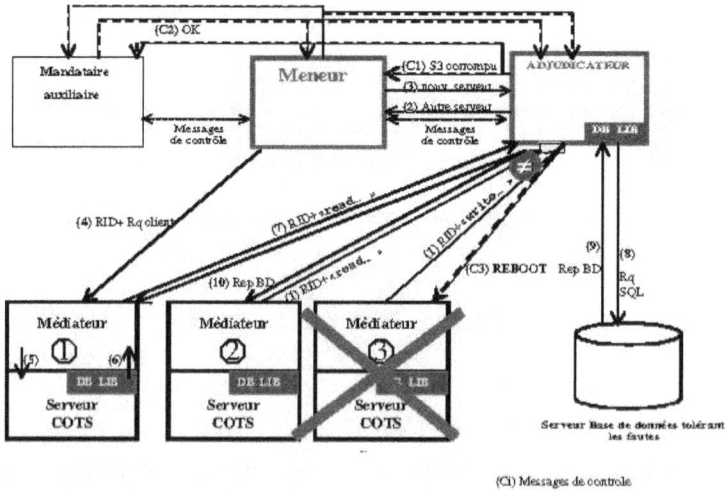

Figure 3.16 Détection de la corruption d'un serveur

Les premières étapes sont les mêmes que précédemment jusqu'à
ce que l'*adjudicateur* reçoive les requêtes *SQL* des deux serveurs
(le serveur 2 et le serveur 3). La figure 3.16 illustre ce qui se passe
dans le système à partir de cet instant:

- le *médiateur* envoie la requête à l'*adjudicateur* (7);

- l'*adjudicateur* ré-exécute le protocole d'accord en tenant compte des trois requêtes *SQL*; il identifie le serveur corrompu (serveur 3) et la requête valide à envoyer à la base de données (8). Les messages de contrôle (C1, C2 et C3) échangés par les mandataires pour réagir à la corruption du serveur 3, seront commentés ci-dessous;

- la base de données traite la requête et retourne la réponse à l'*adjudicateur* (9);

- l'*adjudicateur* envoie la réponse de la base de données aux *médiateur*s sur les serveurs 1 et 2 (10);

- la suite de la requête se passe normalement conformément à l'exemple précédent.

Quand l'*adjudicateur* exécute le protocole d'accord sur les trois requêtes et se rend compte que le serveur 3 a envoyé une requête différente des autres, il conclut qu'il s'agit d'une intrusion et il alerte les autres mandataires (C1). Comme l'alerte a été déclenchée par le protocole d'accord, le système considère qu'il n'y a aucun doute sur la corruption du serveur 3. Les mandataires sont alors unanimes sur la corruption du serveur 3 (C2). Cet accord pourrait être confirmé par la détection d'anomalies sur le comportement du serveur 3 et par les autres mécanismes de détection. L'*adjudicateur* envoie alors un ordre pour redémarrer le serveur 3 (C3).

3.5. Discussion

Notre architecture prévient, détecte et tolère aussi bien les fautes accidentelles que les attaques:

- *Prévention:* les mécanismes de prévention visent à arrêter les attaques à l'extérieur du système. C'est une approche qui s'avère efficace surtout vis-à-vis des attaques connues. Le *meneur* et l'*adjudicateur* jouent un rôle important dans la prévention des attaques. En particulier, le *meneur* filtre[18] et corrige les requêtes suspectes *http* et l'*adjudicateur* fait de même pour les requêtes *SQL*. De plus, nous avons augmenté la robustesse des mandataires en désactivant les services superflus. Le système comprend aussi un pare-feu qui représente la première ligne de défense capable d'arrêter la majorité des attaques connues à l'extérieur du système.

- *Détection:* nous mettons en oeuvre plusieurs mécanismes de détection pour surveiller les mandataires et les serveurs d'application ce qui rend le système de détection lui-même tolérant aux intrusions.

- *Tolérance:* la mise en œuvre de la tolérance aux intrusions est basée sur les mécanismes de redondance avec diversification. Cette approche nous permet de tolérer une minorité de serveurs corrompus ou une minorité de mandataires corrompus.

La redondance augmente la disponibilité du système. Pour améliorer la performance, nous introduisons la notion de niveau de redondance adaptable au niveau d'alerte dans le système. La robustesse de notre architecture repose sur ces deux principes. En fait, si une personne malveillante veut attaquer notre système, elle doit décider pour planifier son attaque: (1) quels composants du

---

[18] par exemple par un IDS à détection de scénarios (misuse detection)

système il veut attaquer (mandataire, serveurs d'application ou base de données) et (2) quelles vulnérabilités il va utiliser pour attaquer le composant cible:

- Les mandataires sont très sûrs: des techniques de développement de logiciels critiques sont utilisées pour le développement des codes des mandataires. En fait, il s'agit de programmes simples dédiés à la mise en œuvre de la politique de tolérance aux intrusions (ils sont peu susceptibles de contenir des failles de sécurité). De plus, nous utilisons des techniques de vérification formelle pour vérifier qu'ils se comportent conformément à leur spécification et ainsi détecter les éventuelles déviations par rapport au comportement prévu.

- Si l'attaquant vise les serveurs redondants et diversifiés, nous avons prévu différents mécanismes pour faire face à ce type d'attaques. La politique de redondance adaptative permet de cacher les types et nombre de serveurs diversifiés répondant à une requête donnée. En fait, une attaque qui exploite une faille dans le serveur IIS, par exemple, ne s'exécute pas forcément sur ce type serveur ce qui la rend inefficace. De plus, le *meneur* rejette toute requête suspecte.

- Si la cible de l'attaque est la base de données, la tâche de l'attaquant est encore plus difficile. En effet, les serveurs n'utilisent pas les bibliothèques *SQL* standard mais une bibliothèque spécifique que nous avons développée. Si l'attaque réussissait à exploiter donc une faille spécifique à cette bibliothèque, le même code malicieux serait généré par tous les serveurs impliqués dans le traitement, mais les vérifications du format de la requête côté *médiateur* et côté *adjudicateur* devraient détecter toute tentative de corruption. Si l'attaque exploite des failles spécifiques aux serveurs Web, l'*adjudicateur* devrait le détecter.

3.6. Conclusion

Dans ce chapitre, nous avons présenté une architecture tolérante aux intrusions, basée sur les mécanismes de redondance avec diversification. Nous avons mis en œuvre un niveau de redondance variable qui s'adapte au niveau d'alerte dans le système. Ainsi, nous utilisons au mieux les ressources matérielles et logicielles du système puisqu'on augmente le niveau de redondance s'il y a des alertes. En absence d'alertes, le système utilise les serveurs disponibles pour améliorer les performances du système. L'architecture est générique, elle peut constituer un cadre de développement de systèmes d'information sûrs. Notamment l'architecture des mandataires, ainsi que la politique de tolérance aux intrusions, sont indépendantes du type d'application. Dans la suite, nous présentons l'implémentation d'un prototype de notre architecture et analysons les performances dans différents régimes de fonctionnement et dans différentes situations, normales et sous attaques.

Chapter 4. Mise en œuvre d'un prototype et mesures de performances

Dans ce chapitre, nous nous intéressons à la réalisation et l'évaluation de l'architecture tolérant les intrusions pour les serveurs Internet à contenu dynamique. Dans la première partie, nous décrivons la plateforme expérimentale et nous détaillons l'implémentation des différents composants de l'architecture. Ensuite, nous présentons une évaluation des performances du système sous différents régimes en cas de fonctionnement correct (sans attaque) et en cas de corruption de certains composants.

4.1. Implémentation

Rappelons que notre architecture est composée d'un ensemble de mandataires implémentant notre politique de tolérance aux intrusions ainsi qu'un ensemble de serveurs d'application fournissant les services demandés par les utilisateurs. Dans cette section, nous exposons les détails d'implémentation de chacun de ces composants.

4.1.1. Plateforme expérimentale

Notre architecture a été conçue dans l'objectif de constituer un cadre de développement des systèmes d'information sûrs à haute sécurité. Les fonctionnalités de l'architecture sont fournies par des logiciels COTS (serveurs Web: IIS, Apache, etc.) et des programmes spécifiques conçus pour assurer la protection du système (par exemple: GA, médiateur, PDR, etc.). Les mandataires, le médiateur ainsi que la bibliothèque d'accès à la base de données ont été développés suivant les règles de développement des logiciels critiques et doivent s'exécuter sur différentes plateformes. En effet, la robustesse de notre architecture est liée à la diversification mise en œuvre à la fois au niveau des plateformes matérielles, des systèmes d'exploitation et des logiciels d'applications.

Nous avons choisi le langage C pour développer nos programmes. Assurer la portabilité de ces programmes sur les différentes plateformes matérielles et logicielles n'était pas une tâche facile, notamment pour le passage d'un environnement UNIX à un environnement Windows. Nous avons aussi étudié la possibilité d'utiliser des langages de type WORA (*Write Once, Run Anywhere*), tels que Java pour lesquels le programme généré peut être exécuté sur toute plate-forme munie de la machine virtuelle adéquate. Cependant, un tel choix requiert l'ajout d'un autre composant COTS (JVM) qui n'est pas exempt de failles de sécurité.

Tout au long du développement, nous avons tenu à suivre les consignes habituelles pour le développement de programmes sûrs en C. L'enseignement principal est de ne pas utiliser de fonction non bornée pour manipuler les chaînes de caractères et de leur préférer leurs équivalents bornés: strncpy et strncat plutôt que strcpy et strcat, par exemple. Nous avons également banni une série de fonctions à risque qu'il convient de ne pas utiliser pour des systèmes critiques. Pour complémenter ces consignes, il est possible d'utiliser des compilateurs spécifiques, tel que StackGuard

[Cowen et al. 98], permettant d'éliminer avec une grande fiabilité les risques de débordement de tampon.

Pour renforcer la sécurité des mandataires, nous désactivons tous les ports et tous les protocoles de communication hormis ceux utilisés pour les besoins de l'architecture. Ces machines exécutent seulement le système d'exploitation (avec le minimum de fonctions activées) et les programmes dédiés à la protection et au fonctionnement de l'architecture.

La figure 4.1 présente l'architecture du prototype que nous avons réalisé. Il comprend trois mandataires, trois serveurs d'application et un serveur de base de données *MySQL*. Dans cette figure, nous présentons la configuration initiale de l'architecture qui est susceptible d'être modifiée en cas d'attaque. Tous les mandataires possèdent deux interfaces réseaux: une carte pour le réseau Internet et tous les mandataires et l'autre pour le réseau incluant tous les serveurs d'application, le serveur de base de données et tous les mandataires. Les serveurs d'application n'ont donc pas d'accès direct à la base de données.

Le prototype implémente l'exemple d'une agence de voyage sur Internet avec des possibilités de réservations, annulations et modifications de réservations. Cet exemple permet de tester toutes les fonctionnalités du système.

Nous utilisons le langage *php* pour la gestion des pages dynamiques. Nous avons implémenté la bibliothèque d'interface avec la base de données pour le langage de script *php*. La bibliothèque est écrite en langage C et son adaptation à d'autres langages de scripts (tels que cgi) ne devrait pas poser de problème.

De plus, nous utilisons le protocole *http* 1.0 puisque l'architecture ne supporte pas la notion de session (mode connecté), une requête qui arrive peut être traitée par n'importe quel serveur. Ceci est une limitation classique des serveurs Web à base de réplication (par exemple, google.com, ou yahoo.com).

Figure 4.1: Architecture du prototype

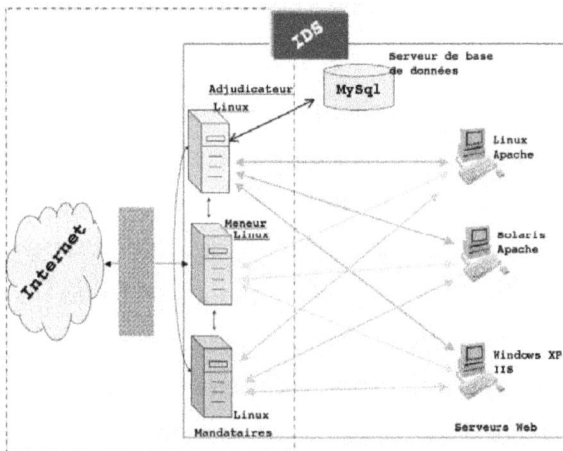

Le tableau suivant présente les caractéristiques des machines utilisées:

Rôle	Système d'exploitation	Processeur	Logiciel d'application
Mandataire	Debian 2.6.8	Pentium_III 996.847MHz	Spécifique
Mandataire	Redhat 2.4.20	Pentium_III 997.584MHz	Spécifique
Mandataire	Redhat 2.4.22	Pentium_III 997.584MHz	Spécifique
Serveur Web	Solaris 5.7	UltraSparc 333MHz	Apache
Serveur Web	Windows XP	Pentium_III 996.847MHz	IIS
Serveur Web	Debian 2.6.8	Pentium_III 996.847MHz	Apache
Base de données	Redhat 2.4.22	Pentium_III 997.584MHz	*MySQL*
IDS	Redhat 2.4.22	Pentium_III 997.584MHz	SNORT

Tableau 3 Caractéristiques des machines utilisées

Notons que les serveurs d'application exécutent des logiciels d'application diversifiés mais avec le même contenu c'est-à-dire que les mêmes pages *html* et les mêmes scripts *php* sont répliqués sur les serveurs de manière à ce que n'importe quel serveur puisse traiter les requêtes des clients et que tous les serveurs non défaillants renvoient la même réponse à une requête donnée.

Dans la suite, nous présentons les détails de fonctionnement et d'implémentation de chaque composant de l'architecture. Cette implémentation est indépendante de celle réalisée par SRI avec un seul mandataire.

4.1.2. Les mandataires

Il y a trois types de mandataires: le *meneur*, l'adjudicateur et un ou plusieurs mandataires auxiliaires. La figure 4.2 illustre la structure générale d'un mandataire. Il est composé de deux unités principales: le gestionnaire d'alertes et un module spécifique implémentant les fonctionnalités dédiées à un rôle particulier (*meneur* ou adjudicateur). Les mandataires auxiliaires n'exécutent pas de module spécifique. Cette structure modulaire permet aux administrateurs du système de rajouter ou supprimer facilement des moniteurs[19] ou de mettre à jour la politique de tolérance aux intrusions, ou encore de changer le protocole de d'accord utilisé pour la prise de décision commune entre tous les mandataires. Tous ces modules et ces moniteurs sont implémentés sous forme de processus légers (*threads*).

---

[19] Un moniteur est définit comme un module de surveillance d'une source d'alerte particulière.

Dans la suite de cette section, nous détaillons le rôle, les fonctionnalités et les relations de chacun de ces modules avec son environnement.

Figure 4.2: Structure d'un mandataire

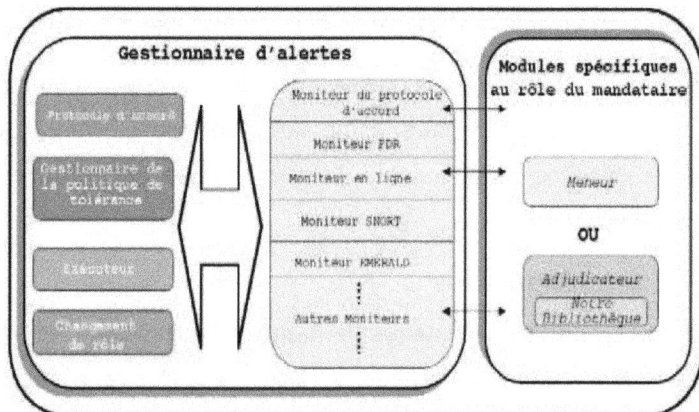

Le gestionnaire des alertes

Le gestionnaire des alertes comporte 4 modules ainsi qu'un ensemble de moniteurs dont chacun est responsable de traiter un type particulier d'alerte. Nous détaillons dans les sections suivantes tous ces composants.

Les moniteurs

Chaque moniteur est dédié à type d'alerte provenant soit des mécanismes de détection, soit du module spécifique local, soit des autres moniteurs sur les autres mandataires. Tel qu'illustré par la figure 4.3, chaque module est en attente permanente de nouvelles alertes provenant de la source dont il est responsable (SNORT, moniteur en ligne, protocole de d'accord sur le *meneur* ou l'adjudicateur, etc.). Quand il reçoit une nouvelle alerte (1) contenant l'adresse IP d'une machine, il vérifie dans ses tables l'état de cette machine. Si la machine est déjà considérée comme corrompue, il ignore l'alerte. Sinon il vérifie si la source de l'alerte est un moniteur similaire distant ou un des mécanismes de détection. Dans le premier cas, il va enregistrer l'alerte et se met en attente d'une demande de vote sur l'état de la machine suspecte. Dans le deuxième cas, si l'alerte a été envoyée par la source spécifique à ce moniteur (pour un moniteur SNORT c'est SNORT, pour un moniteur PDR c'est PDR, etc.), il doit vérifier s'il y a un vote en cours concernant l'adresse IP suspecte. S'il y a déjà un vote en cours, il ignore l'alerte. Sinon il envoie le contenu de l'alerte aux moniteurs similaires (2) sur les autres mandataires. Ensuite, il envoie un message (3) au module du *protocole d'accord* pour effectuer un vote sur la machine suspecte. Si la majorité des moniteurs similaires sont d'accord (l'état retourné par un moniteur correspond à un état général mis à jour par tous les moniteurs locaux et pas seulement par lui-même), il sollicite le *gestionnaire de la politique de tolérance* (4).

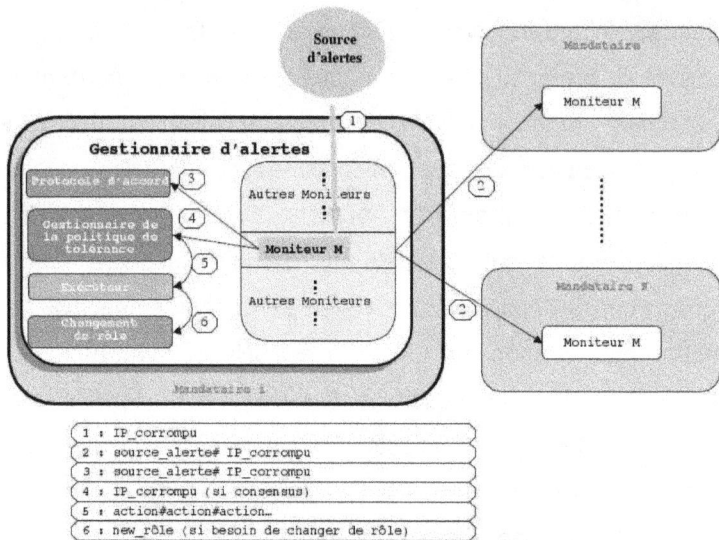

Figure 4.3: Traitement d'une alerte

Par exemple, considérons un moniteur PDR[20] qui reçoit une alerte à partir du vérifieurPDR local (*IP_suspect*). Ce moniteur effectue successivement les actions suivantes:

---

[20] Protocole de Défi-Réponse

170 Protocole de Défi-Réponse

```
il vérifie dans ses tables si la machine est déjà déclarée
corrompue!
si (IP_suspect est déclarée corrompue)
    il ignore l'alerte
sinon
    il envoie cette alerte à tous les moniteurs PDR sur les
    autres mandataires!
    il vérifie s'il n'y a pas de vote en cours concernant
    IP_suspect
    si (un tel vote existe)
        il ignore l'alerte
    sinon
        il sollicite le module du protocole d'accord
        si (la majorité confirment la corruption de
        IP_suspect)
            il sollicite le gestionnaire de la politique
            de tolérance
        fin si
    fin si
fin si
```

Généralement, le *gestionnaire de la politique de tolérance* génère une liste de contremesures (cf . 4.1.2.1.3)pour le recouvrement de IP_suspect qui sera envoyé (5) par la suite à l'*exécuteur* et aux autres *gestionnaires* sur les autres mandataires.

Le module du protocole d'accord

Le module du *protocole d'accord* (MPA) est à l'écoute de tous les moniteurs locaux. Il attend de recevoir une requête de l'un des moniteurs pour effectuer un vote concernant une machine suspecte. Il effectue le vote auprès des moniteurs similaires sur les autres mandataires. Par exemple, quand les mécanismes de détection détectent une anomalie, ils envoient à tous les moniteurs qui traitent ce type d'alerte l'adresse du composant suspect. Les alertes provenant de diverses sources peuvent être redondantes c'est pourquoi le MPA vérifie s'il n'y a pas de vote en cours à propos du même composant suspect.

Le MPA attend de recevoir les votes des autres moniteurs (AGREE, DIASGREE) et exécute l'algorithme présenté dans la section 3.3.3.3.2. Ensuite, il envoie à tous les moniteurs ayant participé au vote le résultat ainsi que la liste des mandataires ayant envoyé des votes différents de ceux de la majorité si les mandataires ne sont pas unanimes (le cas normal correspond à un vote unanime).

Le module gestionnaire de la politique de tolérance

Le module *gestionnaire de la politique de tolérance* (GPT) est un module important dans le fonctionnement et la protection du système. En effet, ce composant gère le changement de régime et décide des contre-mesures à prendre pour faire face à la corruption d'un ou de plusieurs éléments de l'architecture. Il est sollicité si et seulement si une majorité de mandataires sont d'accord sur la corruption d'un élément de l'architecture.

Les décisions prises par le GPT dépendent de trois paramètres: Comme cela a été expliqué dans la section 3.3.4, les alertes ne sont pas traitées de la même manière. Nous classons les alertes en deux classes selon leur crédibilité:

- La première classe regroupe les alertes qui correspondent réellement à des attaques Exemples: le PDR détecte que le processus Apache qui s'exécute sur un serveur ne correspond pas à celui qui a été lancé au démarrage de la machine, ou que le *vérifieur en ligne* détecte que le *meneur* a reçu une requête invalide mais qu'il l'a envoyée aux serveurs d'applications pour être traitée. Pour ce type d'alerte, le GPT considère que le composant est réellement corrompu et qu'il faut l'isoler, le redémarrer et passer à un régime plus sévère.

- La deuxième classe d'alertes correspond à des alertes moins crédibles que les précédentes c'est-à-dire qu'elles peuvent correspondre aussi bien à des vraies attaques en cours qu'à des fausses alarmes. C'est typiquement le cas de bon nombre d'alertes générées par les IDS. Prenons l'exemple de SNORT qui analyse un paquet émis par le *meneur* et considère qu'il est suspect. Dans ce cas, le GPT enregistre ces alertes, mais n'effectue aucune action sinon augmenter la sévérité et la fréquence des contrôles effectués par les mécanismes de détection sur tous les composants de l'architecture. Cependant, si le GPT reçoit plusieurs alertes de différentes sources concernant un même composant suspect, il prend en compte ces alertes et considère que ce composant est réellement corrompu.

  Le GPT garde une liste des alertes appartenant à la première classe. Toutes les alertes qui ne figurent pas dans cette liste sont considérées peu crédibles. Les décisions prises par le GPT dépendent aussi du composant corrompu. Notamment, nous distinguons deux cas selon que le composant corrompu soit le *meneur* ou l'*adjudicateur*, soit tout autre composant. Dans le premier cas, il faut élire un nouveau *meneur* ou *adjudicateur* avant de le redémarrer, alors que pour les autres composants il suffit de les redémarrer.

- Enfin, le dernier paramètre qui influence les décisions du GPT est le régime de fonctionnement courant, puisqu'une des contre-mesures possibles, pour réagir à la détection de la corruption d'un composant de l'architecture, est le passage à un régime de fonctionnement plus sévère. Il faut distinguer deux cas: le cas où il est possible de le faire et le cas où ce n'est pas possible, ce qui provoque la mise hors-service du système.

En tenant compte des trois paramètres cités précédemment, le GPT décide si le composant est réellement corrompu ou pas. S'il considère qu'il s'agit d'une intrusion, il établit une liste de contre-mesures qu'il envoie à tous les autres mandataires avant de l'envoyer à l'*exécuteur*. Une liste de contre-mesures est une liste d'actions ayant la syntaxe suivante:

```
CodeOp:action#CodeOp:action#CodeOp:action#CodeOp:action.
..
```

Par exemple:

```
CH_RG:FULL#RESET:IP_ADDR#PDR:10
```

L'exemple ci-dessus comprend trois actions: passer au régime complet (CH_RG:FULL), redémarrer un certain composant (RESET:IP_ADDR) et mettre la fréquence d'exécution du PDR à 10 secondes (PDR:10).

Si un des autres mandataires n'est pas d'accord sur ces contre-mesures, il demande au MPA de faire un vote à ce propos. Si une majorité de mandataires ne sont pas d'accord sur ces contre-mesures, le mandataire ayant émis cette liste sera considéré corrompu par les autres. Si les GPT distants sont d'accord sur cette liste, ils la transmettent respectivement aux *exécuteur*s locaux.

Le module exécuteur

Le module *exécuteur* reçoit GPT la liste de contre-mesures à exécuter:

- Changement de régime: si le mandataire local est le *meneur* ou *adjudicateur* alors il enregistre le changement et envoie un message au module spécifique *local* pour l'informer du changement de régime. Ce dernier doit tenir compte de ce changement dès la prochaine requête *http*. S'il s'agit d'un mandataire auxiliaire, l'*exécuteur* se contente d'enregistrer le nouveau régime de fonctionnement.

Redémarrage d'un composant: il y a deux cas possibles selon le rôle du composant à redémarrer. En effet, si le composant corrompu est le *meneur* ou l'*adjudicateur*, il faut élire un autre mandataire pour prendre sa place, tel qu'expliqué dans la section 3.4.3.4. Mais dans tous les cas, il faut redémarrer la machine déclarée corrompue à partir d'une version sûre (par exemple, CD-ROM) ce qui permet aussi d'éliminer tous les problèmes accumulés au fil du temps par des fautes accidentelles (par exemple, des tampons non libérés) et des tentatives d'attaques («rajeunissement» du logiciel).

Il y a différentes solutions pour redémarrer une machine à distance qui peuvent être classées en redémarrage matériel (*hardware reset*) ou redémarrage logiciel. Dans notre cas, il s'agit de redémarrer à distance des composants jugés corrompus, puisque la machine est supposée sous le contrôle de l'attaquant. Dans ce cas, un redémarrage logiciel ne serait pas fiable à 100% pour remettre la machine dans un état correct.

Un exemple de solution permettant d'effectuer un redémarrage matériel est présenté dans la figure 4.5. Il s'agit d'un dispositif qui a été développé dans le cadre du projet Dbench (www.dbench.org) par le LAAS. Le principe consiste à relier chaque broche du port parallèle (les broches D0-D7) de la machine qui commande les redémarrages à une machine cible (qui sera redémarrée à distance). Au départ, tous les bits du port parallèle (adresse: 0x378) sont à 0. Lorsque la valeur d'un des bits de données (D0-D7) est modifiée, cela provoque un court-circuit au niveau des contacts du relais qui se traduit par un reset de la machine reliée à ce bit. Il faudrait envisager un vote matériel sur ce dispositif matériel pour empêcher qu'un seul mandataire corrompu puisse effectuer une attaque en déni de service en redémarrant toutes les machines du système.

Dans notre prototype, nous nous sommes cependant limités à implémenter un simple redémarrage logiciel par faute de temps. Sur chaque machine de l'architecture, un programme attend un ordre pour redémarrer la machine en et vérifie que l'ordre est envoyé par un mandataire.

Figure 4.5. Redémarrage matériel (*hardware reset*) à distance

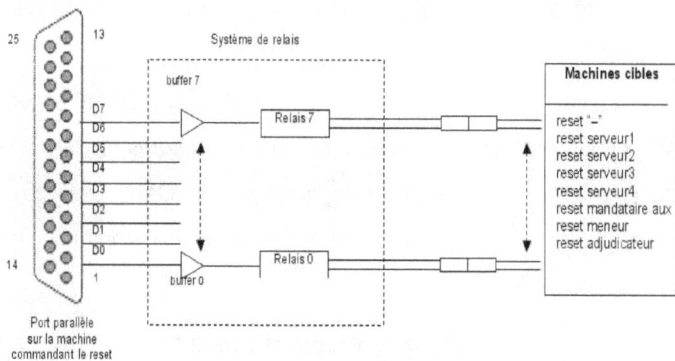

- Changement fréquence du PDR: comme cela a été présenté dans la section 4.2.3, le module *vérifieur* s'exécute sur tous les

176

mandataires. Par conséquent, chaque *exécuteur* contacte le vérifieur local pour l'informer du changement.

Il est possible d'envisager d'autres types de contre-mesures comme faire passer les IDS dans un régime plus strict (utilisation de filtres plus complexes et plus sévères par exemple).

Le module changement de rôle

Le module chargé du changement de rôle est responsable de changer le rôle du mandataire local en *meneur* ou *adjudicateur*. Nous avons expliqué en 3.4.2 que les rôles *adjudicateur* et *meneur* sont reconnus par les autres membres du système par leurs adresses IP. Un changement de rôle correspond donc à un changement d'adresse IP.

Actuellement, le changement d'adresse IP est effectué par un programme qui modifie la configuration de la carte réseau et le fichier de démarrage du GA pour le faire démarrer avec le nouveau rôle. Il provoque également le redémarrage de la machine.

Les modules spécifiques

Dans cette section, nous présentons les modules spécifiques correspondants au *meneur* et à l'*adjudicateur*. Les deux modules existent sur tous les mandataires, mais ils ne sont activés que si le mandataire détient l'un des deux rôles.

Le meneur

Nous avons déjà présenté de manière détaillée le fonctionnement du *meneur* dans le section 3.4.2.2.1. De plus, l'algorithme du *meneur* est donné par l'automate qui le modélise dans la figure 3.6. Néanmoins, la gestion des IDR n'a pas été traitée.

La validation des requêtes *SQL* repose sur la correspondance entre les requêtes *http* issues des clients et les requêtes *SQL* générées par les serveurs Web pour répondre à ces requêtes *http*. Pour faire la correspondance entre les deux, chaque requête *SQL* doit être accompagnée par l'IDR correspondant. Il fallait trouver une solution portable et générique pour faire parvenir cette information à la bibliothèque de base de données en passant par le serveur Web, notre objectif étant toujours d'agir de la manière la plus transparente possible par rapport au serveur COTS.

Après avoir examiné la RFC relative au protocole *http* [RFC 2616] et celle relative à la gestion des états dans le protocole *http* [RFC 2965], nous avons trouvé un moyen d'intégrer l'IDR dans les requêtes *http*. Il est possible, en modifiant certains champs de la requête, de faire passer une valeur au serveur Web comme si elle avait été envoyée par le navigateur du client en réponse à la demande du contenu d'un *cookie*. De cette façon, le serveur va connaître la valeur de l'IDR de la requête *http* qu'il traite.

Avant de valider le choix de cette méthode, nous nous sommes interrogés sur les risques qu'elle pouvait représenter pour la sécurité du système. Cette modification ne va en rien changer le contenu qui sera renvoyé au client par le serveur et sera invisible de l'extérieur: ce n'est donc pas de ce côté qu'il faut s'inquiéter. Un problème peut survenir si la requête *http* reçue par le *meneur* comporte déjà une variable du même nom que celle utilisée. Dans ce cas, nous considérons qu'il s'agit d'une tentative d'intrusion puisque notre serveur n'utilise pas une telle variable. Donc, nous avons choisi d'écraser la valeur de la variable préexistante avec celle de l'IDR.

L'adjudicateur

L'adjudicateur est le mandataire responsable de gérer l'accès à la base de données. La validation des requêtes SQL a été présentée en détails dans le section 3.4.2. Nous nous **intéressons** ici à l'interaction de l'adjudicateur avec le serveur de base de données.

Les messages envoyés par les serveurs Web (via les médiateurs) pour accéder à la base de données ont la syntaxe suivante:

```
IDR#commande#arguments
```

Par exemple:

```
1233#connect#mydb_serv#guest#lve11ft
1233#select_db#Id_conx#db_name
1233#execute#Id_conx#[select     *      from      personne]
1233#close#Id_conx
```

Pour transmettre les requêtes SQL valides au serveur de base de données, l'*adjudicateur* doit les transcrire dans le langage SQL spécifique au SGBD utilisé.

Il y a quatre types de requêtes: connect, select_db, execute et close qui sont traitées tel qu'indiqué dans l'algorithme qui suit.

```
Recevoir une requête d'un Médiateurl :
    [IDR#commande#arguments]
Attendre messages des autres Médiateurs avec le même IDR
Vérifier syntaxe des requêtes
Exécuter un protocole d'accord ( traitement détaillé avec
gestion des incohérences dans le section 3.4.2)
Si ( majorité)
    Si (commande == connect)
    Pour (chaque serveur dans la liste)
        Renvoyer l'identifiant de connexion au serveur
    Fin pour
Sinon si (commande == close)
    Fermer la connexion dont identifiant == argument
    Pour (chaque serveur dans la liste)
        Renvoyer signal de fin au serveur
    Fin pour
    Sinon si (commande == select_db)
    Décomposer arguments en {ID_connexion, db_name}
    Exécuter la commande
    Pour (chaque serveur dans la liste)
        Renvoyer le résultat (FAILURE/SUCCESS)
    Fin pour
    Sinon si (commande == execute)
        Décomposer arguments en {ID_connexion, requêteSQL}
        Exécuter requêteSQL sur connexion identifiant
        Pour (chaque serveur dans la liste)
            Renvoyer résultat de la requêteSQL au serveur
        Fin pour
    Fin si
Fin si
```

Nous avons défini cette syntaxe simplifiée et nous avons implémenté les bibliothèques de fonctions nécessaires qui sont présentées dans 4.1.3.1. Notons que cela permet à l'architecture d'être indépendante du SGBD utilisé et de mieux vérifier la syntaxe des requêtes avant de les envoyées à la base de données. La vérification de la syntaxe vise principalement à neutraliser des attaques de type « *SQL injection* » qui sont très courantes [Anley 02]. Par exemple, considérons un annuaire Web dans lequel l'utilisateur saisit le nom de la personne à rechercher dans un formulaire *html*. La saisie de la valeur "denis" entraînera la génération de la requête:

```
SELECT * FROM personne WHERE prenom="denis"
```

Pour peu que la valeur rentrée dans le formulaire ne soit pas suffisamment contrôlée, l'application pourra générer une requête qui aura des conséquences graves comme la perte d'une table de la base de données:

```
SELECT * FROM personne WHERE prenom="denis";DROP TABLE
personne;"
```

4.1.3. Les serveurs d'application

Les serveurs d'applications exécutent trois types de programmes: les serveurs COTS qui chargent dynamiquement notre bibliothèque de base de données à chaque fois qu'ils ont besoin d'envoyer une requête à la base de données, le médiateur et les moniteurs des IDS qui surveillent en permanence l'état de la machine.

Dans le prototype, nous avons effectivement remplacé la bibliothèque standard *MySQL* par notre bibliothèque qui porte donc même non et inclut des fonctions ayant les mêmes interfaces que les fonctions standards. Pour des raisons de clarté, nous désignons notre bibliothèque, dans cette section, par DITSQL.

La bibliothèque de base de données (DITSQL)

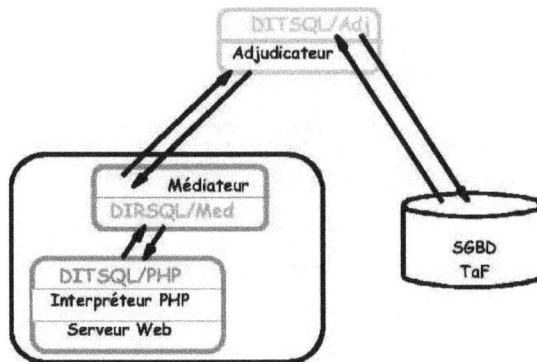
Figure 4.7 La bibliothèque DITSQL

Rappelons que l'accès à la base de données est gérée par trois modules distribués (Figure 4.7) sur le serveur Web sous forme d'une bibliothèque *php* (DITSQL/php), sur le médiateur avec les fonctions permettant de filtrer la requête et de faire l'interfaçage entre les données *php* et les données en C (DITSQL/Med) et une partie sur l'adjudicateur permettant de communiquer réellement avec la base de données (DITSQL/Adj). Nous présentons des détails d'implémentation de la bibliothèque DITSQL/php (serveur Web) et l'interfaçage entre le médiateur et l'interpréteur *php* (DITSQL/Med). La réalisation de ces bibliothèques s'est donc effectuée en deux phases:

Les structures de données utilisées pour implémenter la libraire sont inspirées de celles du SGBD *MySQL* dont le code source est libre et bien documenté. De plus, pour limiter au maximum les temps d'attente lors de l'invocation des fonctions liées aux accès à la base de donnée, nous suivons le modèle utilisé par la plupart des interfaces permettant d'accéder aux bases de données à partir des langages de génération dynamique de contenu Web, qui consiste à stocker côté serveur les résultats obtenus lors de l'exécution de requêtes SQL.

Du côté serveur d'application, il y a deux classes de fonctions: les fonctions utilisées par le médiateur et les fonctions utilisés par le langage *php*. Les fonctions utilisées par le médiateur concernent principalement la connexion à l'adjudicateur, le maintien de cette connexion jusqu'à ce que le serveur demande sa fermeture, le stockage des résultats intermédiaires et l'envoie de ces résultats progressivement à la demande du serveur. Le tableau 4, présente quelques fonctions de la bibliothèque.

Tableau 4 Quelques fonctions de la bibliothèque DITSQL du côté serveur Web (*php*)

`int ditsql_query(char *rid, DITSQL* dbase, char* query_string, DITSQL_RES** result)` le serveur Web se connecte au médiateur et lui envoie une requête avec l'IDR sur une connexion déjà ouverte avec la base de données
`void free_result(DITSQL_RES *result)` utilisée à la fin de chaque requête pour libérer la mémoire
`int ditsql_row_seek(DITSQL_RES* result, unsigned int offset)` utilisée pour accéder à un certain résultat
`int ditsql_error(DITSQL* dbase, char **error)` utilisée pour identifier une erreur qui survient lors d'une transaction
`int ditsql_row_tell(DITSQL_RES* result)` utilisée pour connaître le nombre de résultats d'une requête donnée

Interfaçage avec php

Il n'est pas possible d'appeler les fonctions de bibliothèque écrite en C directement à partir du langage *php* exécuté par le serveur. A la base de *php* se trouve un moteur développé par Zend [zend] qui est responsable de l'interprétation du langage. Ce moteur est appelé par les différents serveurs web à travers des interfaces adaptées. Afin d'étendre le plus simplement possible les possibilités du noyau dur de *php* et de faciliter l'intégration de fonctionnalités implémentées par des tierce-parties, le moteur fait appel à un certain nombre de modules.

Pour chaque fonction de *MySQL* dont nous souhaitons mimer le comportement, nous écrivons une interface empaquetant l'appel à la fonction écrite en C de telle sorte que la fonction visible depuis *php* ait les mêmes paramètres et le même comportement que celle d'origine. Ainsi, il suffit de remplacer sur chaque serveur la bibliothèque *MySQL* authentique par la notre pour que les applications y fassent appel de façon transparente.

La figure 4.8 présente un exemple d'interfaçage entre notre bibliothèque et l'interpréteur *php*. Dans cet exemple, nous présentons l'interfaçage de la fonction DITSQL_query qui permet d'exécuter des requêtes sur la base données sur une connexion déjà ouverte et une base de données déjà sélectionnée. C'est une fonction d'empaquetage de la fonction C dans un module de l'interpréteur *php*.

1. L'étape 1 correspond à la vérification du nombre de paramètres passés dans le script *php*, leur extraction et leur formatage dans les types correspondants à la fonction C (DITsql_query) de la bibliothèque.

2. L'étape 2 consiste à appeler effectivement la fonction C avec ces paramètres.

3. L'étape 3 correspond au formatage des résultats à partir de la fonction C vers une ressource *php* (DITsql_res).

```
ZEND_FUNCTION(DITsql_query) {
    zval *DITsql_r;
    char *query;
    int query_len;
    DITSQL *DITsql;
    DITSQL_RES *DITsql_res;

    if (ZEND_NUM_ARGS() != 2) { WRONG_PARAM_COUNT; }

    if (zend_parse_parameters(ZEND_NUM_ARGS() TSRMLS_CC, "rs",
                    &DITsql_r, &query, &query_len) == FAILURE) {
        RETURN_FALSE;
    }

    ZEND_FETCH_RESOURCE(ditsql, DITSQL *, &DITsql_r, -1, CONNECT_NAME, le_connect);

    if (do_sql_query(rid.DITsql.query,&DITsql_res) == FAILURE) { RETURN_FALSE; }

    ZEND_REGISTER_RESOURCE(return_value, DITsql_res, le_result);
}
```

① ② ③

Figure 4.8. Exemple d'interfaçage

Le médiateur

Nous rappelons que le *médiateur* joue le rôle d'intermédiaire entre le *meneur* et le serveur COTS qui s'exécute sur la même machine. Dans le section 3.4.2., nous avons présenté les interactions du *médiateur* avec le *meneur* et l'*adjudicateur*. Mais nous n'avons pas détaillée les traitements spécifiques à chaque type de requête générée le serveur Web (la bibliothèque DITSQL) pour accéder à la base. L'algorithme ci-dessus décrit le traitement de chaque type de requête. Nous distinguons quatre types: la connexion, la sélection de la base de données, l'exécution d'une commande (select, drop...) et la fermeture de connexion. Nous avons aussi prévu de comparer l'identifiant du processus (PID) qui est à l'origine de la requête reçue avec celui du serveur Web auquel on avait envoyé la requête *http* initiale afin de s'assurer que la requête reçue par le *médiateur* a bien été émise par le serveur Web chargé par cette requête.

```
Reçoit message [IDR#commande#arguments] du serveur Web
Chercher Pid du processus qui a emis la requêteSQL
Si (Pid requêteSQL != Pid requêteHttp)
  Signaler serveur corrompu
  Terminer requêteHttp
Fin Si
Si (commande == connect)
  Envoyer message [Rid#connect#arguments] à l'Adjudicateur
  Attendre identifiant de connexion retourné par l'Adjudicateur
  Transmettre identifiant de connexion au Serveur
Sinon si (commande == close)
  Envoyer message [IDR#close#id_conx] à l'Adjudicateur
  Attendre signal de fin émis par l'Adjudicateur
  Transmettre signal de fin au Serveur
Sinon si (commande == select_db)
  Envoyer message [IDR#select_db#id_conx#rdb_name]
  Attendre résultat retourné par l'Adjudicateur
  Transmettre le résultat au Serveur
Sinon si (commande == execute)
  Envoyer message [IDR#execute#id_conx#requeteSQL]

Attendre résultat de la requête retourné par     l'Adjudicateur
  Tant que il ya des résultat
    Récupérer résultat
  Fin tant que
  Transmettre le résultat au Serveur progressivement
  à la demande
Fin si
```

Dans la dernière partie de ce chapitre, nous nous intéressons aux performances du système afin d'évaluer le coût des mécanismes de tolérance aux intrusions que nous avons rajouté.

4.2. Mesures de performances

Dans cette section, nous présentons les premiers résultats des tests de performances effectués sur le prototype présenté en 4.1.1. Nous étudions les performances dans différents cas de fonctionnement et selon différents paramètres. Les tests ont été répétés plusieurs dizaines de fois pour obtenir des valeurs statistiquement représentatives.

Nous nous sommes particulièrement intéressés aux scénarios d'exécution suivants:

1. requête sans accès à la base de données en régime simplex, duplex, triplex, et comparaison avec une requête directe sur un serveur Web standard (n'utilisant pas notre architecture);

2. requête avec accès à la base de données en régime duplex en utilisant notre bibliothèque d'accès à la base de données, et comparaison avec un accès en utilisant une bibliothèque standard (*MySQL*);

3. réponse à une alerte: cas de la détection d'un serveur corrompu.

4.2.1. Première mesure

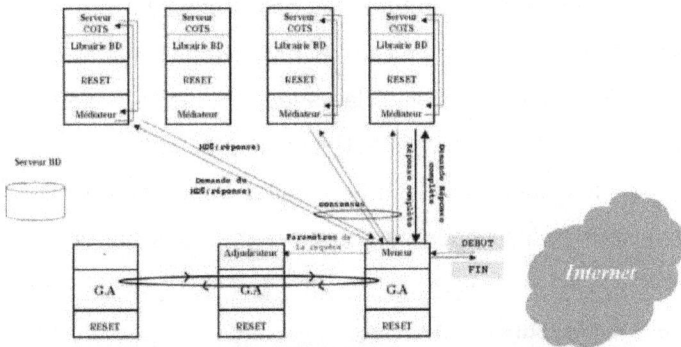

Figure 4.9 : Evaluation du temps de traitement d'une requête sans accès à la base de données dans différents régimes de fonctionnement

Le traitement d'une requête *html* par notre système inclut toutes les étapes indiquées dans la figure 4.9. L'enchaînement chronologique des événements est le suivant:

t1: DEBUT: réception d'une nouvelle requête html

t2: envoi de message à l'adjudicateur (IDR + liste des serveurs)

t3: envoi de demande de MD5 aux médiateurs

t4: réception des MD5 par le meneur; début du protocole d'accord

t5: fin du protocole d'accord

*t6: envoi de la demande de la réponse complète au médiateur
d'un serveur parmi la majorité
t7: réception de la réponse complète et fin du calcul du MD5
par le meneur
t8: FIN: envoi de la réponse au client*

Nous nous sommes intéressés au Temps Global de traitement d'une Requête *http*: TGR/HTTP = t8-t1 (DEBUT et FIN sur la figure 4.9). Dans un premier temps, nous nous sommes intéressés à l'évolution de ce paramètre en fonction du régime de fonctionnement (simplex, duplex ou triplex).

Le tableau 5 représente l'évolution du TGR/HTTP en fonction du régime de fonctionnement pour trois réponses avec des fichiers *html* de tailles respectives 0 octet, 44 Ko et 1 Mo. Nous remarquons que le TGR/HTTP est plus sensible à la variation de la taille des pages *html* qu'au changement de régime. Ceci est dû au fait que les temps ajoutés par les traitements et vérifications du *meneur* et du *médiateur* sont moins importants que le temps pris par le serveur Web pour traiter la requête et le temps d'envoi de la réponse complète des serveurs au *meneur*.

Par exemple, pour un fichier *html* de taille 44 Ko, le déploiement de notre architecture en régime simplex coûte en temps TGR/HTTP 26% de plus que le temps mis par un serveur standard pour traiter la même requête. Ceci est raisonnable compte tenu des garanties fournies pour la protection du serveur. Les passages entre les régimes simplex→duplex et duplex→triplex ne sont pas très coûteux en temps global. En effet, pour un fichier de 44 Ko, le fait de passer de simplex à duplex provoque une augmentation de 15% par rapport au régime simplex. Il est donc souhaitable de choisir ce régime duplex comme régime bénin, en particulier quand il s'agit d'un serveur à contenu dynamique et qu'il est important de valider les requêtes de mise à jour de la base de données.

	Direct	Simplex	Duplex	Triplex
0 octet	0,0037 sec	0,0074 sec	0,0087 sec	0,0096 sec
44 Ko	0,0115 sec	0,0145 sec	0,0167 sec	0,0170 sec
1 Mo	0,14 sec	0,316 sec	0,321 sec	0,322 sec

Tableau 5 Evolution du temps de traitement d'une requête en fonction du régime et de la taille du fichier[21]

	Direct → Simplex	Simplex → Duplex	Duplex → Triplex
0 octet	100%	18%	10%
44 Ko	26%	15%	2,2%
1 Mo	131%	1,49%	0,34%

Tableau 6 Augmentation du TGR/HTTP due aux mécanismes de tolérance aux intrusions

Analysons maintenant la variation du TGR/HTTP en fonction de la taille du fichier dans un même régime de fonctionnement, par exemple le régime duplex. Nous constatons que le temps de traitement moyen d'une requête pour un fichier de taille 1 Mo est de 0,32 sec ce qui représente 20 fois le temps de traitement sur le fichier de taille 44 Ko dans le même régime de fonctionnement. Pour mieux analyser les valeurs données précédemment, nous nous sommes intéressés aux détails d'exécution d'une requête *html* en régime duplex. Rappelons que le TGR/HTTP inclut toutes les étapes présentées dans la figure 4.9. Dans la suite de ce paragraphe, nous présentons les temps d'exécution des étapes importantes.

---

[21] Nous considérons ici le cas de requêtes s'exécutant normalement c'est-à-dire qu'il y a toujours consensus entre les médiateurs

La figure 4.10 représente 3 temps d'exécution importants:

- TMD5 = t4-t3: représente le temps de traitement de la requête et le temps de calcul du MD5 sur la réponse par les médiateurs.

- TPA = t5-t3: représente le Temps du Protocole d'Accord correspondant à la durée allant depuis l'envoi des requêtes aux médiateurs jusqu'à la réception des MD5 et l'exécution du protocole d'accord.

- TRC = t8-t6: représente le Temps de récupération de la Réponse Complète allant depuis la demande d'une réponse complète à un médiateur (parmi la majorité) jusqu'à la réception de celle-ci par le meneur y compris le calcul du MD5 de cette réponse afin de le comparer à celui qui a été approuvé par la majorité des serveurs qui traitent cette requête.

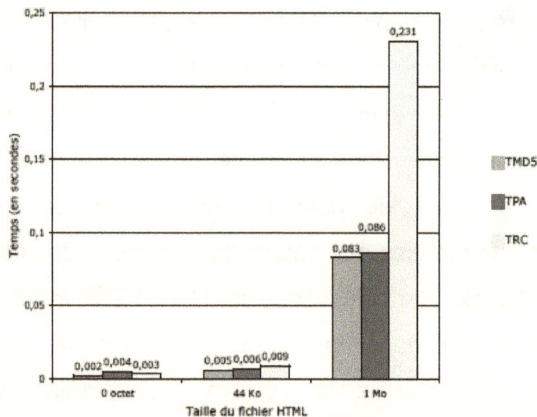

Figure 4.10 : Détails des temps d'exécution en régime duplex

Nous remarquons que le TPA représente seulement 40% du TGR/HTTP pour un fichier de 44 Ko alors que TRC prend 60% du

190

TGR/HTTP. Cependant, le TRC évolue rapidement en fonction de la taille de la réponse. Ainsi, pour un fichier de 1 Mo, le TRC représente 72% du TGR/HTTP. Ceci est dû au temps d'accès disque sur le serveur, à la transmission sur le réseau et au calcul du MD5 sur le *meneur*.

Ainsi, le surcoût en temps de réponse provoqué par les mécanismes de tolérance est acceptable dans le cas de requêtes qui se déroulent normalement. Il est clair que dans les cas d'attaques, d'autres paramètres entrent en jeu (voir la section 4.2.3)

4.2.2. Deuxième mesure

Le deuxième cas que nous avons considéré correspond à une requête *html* nécessitant un accès à la base de données. La figure 4.11 présente les détails des opérations pour l'exécution de telles requêtes. Les temps correspondent à l'exécution d'un script *php* exécutant 4 actions: 1) connexion au serveur de base de données, 2) sélection de la base de données, 3) exécution d'une requête « select * from table » avec affichage du résultat sous la forme d'une page html de 4 Ko et 4) fermeture de la connexion.

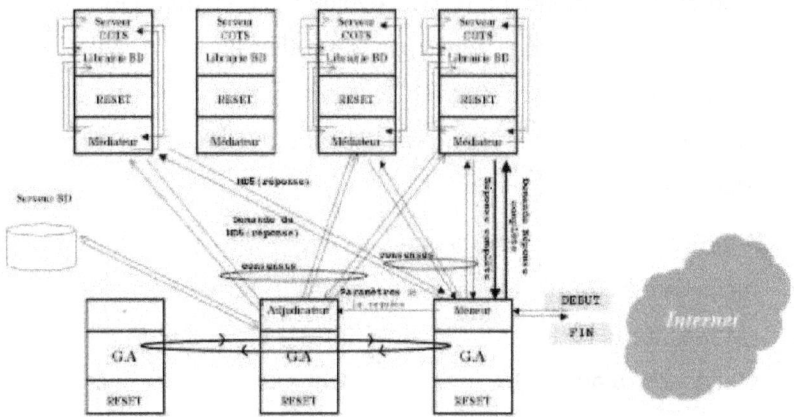

Figure 4.11 : Evaluation du temps de traitement d'une requête
avec accès la base de données

Le test se déroule comme suit:

t1: DEBUT: le meneur reçoit la requête du client

t2: le meneur envoie un message à l'adjudicateur (IDR + liste des serveurs)

t3: le meneur envoie la demande de MD5 aux médiateurs

t4: l'adjudicateur reçoit la seconde requête de connexion au serveur de base de données / debut du protocole d'accord (adjudicateur)

t5: fin du protocole d'accord (adjudicataur)

t6: l'adjudicateur envoie la requête de connexion au serveur de base de données

t7: l'adjudicateur reçoit la réponse du serveur de base de données

t8: l'adjudicateur renvoie la réponse aux médiateurs

t9: l'adjudicateur reçoit la seconde requête de sélection de la base de données / debut du protocole d'accord (adjudicateur)

t10: fin du protocole d'accord (adjudicateur)

t11: l'adjudicateur envoie la requête de sélection de la base de données t12: l'adjudicateur reçoit la réponse du serveur de base de données

t13: l'adjudicateur renvoie la réponse aux médiateurs

*t14: l'adjudicateur reçoit la seconde requête «select * from table» / debut du protocole d'accord (adjudicateur)*

t15: fin du protocole d'accord (adjudicateur)

t16: l'adjudicateur envoie la requête au serveur de base de données

t17: l'adjudicateur reçoit la réponse du serveur de base de données

t18: l'adjudicateur renvoie la réponse aux médiateurs

t19: l'adjudicateur reçoit la seconde requête de fermeture de connexion / debut du protocole d'accord (adjudicateur)

t20: fin du protocole d'accord (adjudicateur)

t21: l'adjudicateur envoie la requête au serveur de base de données

t22: l'adjudicateur reçoit la réponse du serveur de base de données

t23: l'adjudicateur renvoie la réponse aux médiateurs

t24: le meneur reçoit les MD5 des réponses

t25: le meneur envoie message fin requête à l'adjudicateur

t26: debut du protocole d'accord (meneur)

t27: fin du protocole d'accord (meneur)

t28: le meneur envoie une requête de réponse complète à l'un des deux médiateurs

t29: le meneur reçoit la requête et calcule le MD5

t30: FIN: le meneur envoie la requête au client

Le TGR/HTTP (t30-t1) moyen pour l'exécution de ce script *php* est de 0,045 sec, ce qui représente 2 fois le temps de traitement d'une requête utilisant la librairie standard de *MySQL* (0,02 sec), c'est-à-dire une requête accédant directement au serveur de base données sans passer par le *médiateur* et l'*adjudicateur*.

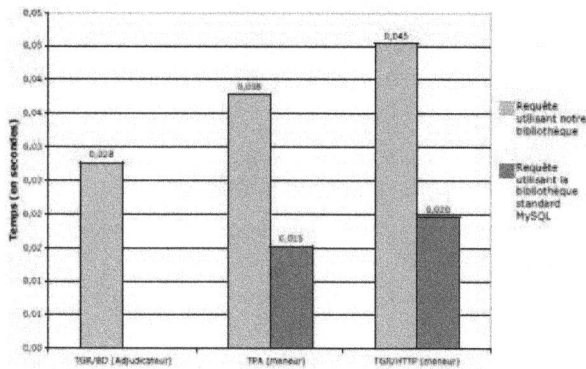

Figure 4.11 : Détails des temps d'exécution de requêtes accédant à la base de données

Dans cette partie, nous nous sommes intéressés aux temps d'exécution suivants:

- données (TSB = t13-t9 = 1,86 ms) et le Temps d'Exécution d'une Requête sur la base (TER = t18-t14 = 8 ms). Ces paramètres sont évalués sur l'*adjudicateur*.

- TGR/BD = t27-t4!: représente le Temps Global d'une Requête sur la Base de Données allant depuis la réception de la demande de connexion au serveur de base de données jusqu'à la fermeture de connexion. Cette durée comprend toutes les autres mesures correspondant au Temps de Connexion à la Base de données (TCB = t8-t4 = 2,96 ms), le Temps de Sélection de la Base de données (TSB = t13-t9 = 1,86 ms) et le Temps d'Exécution d'une Requête sur la base (TER = t18-t14 = 8 ms). Ces paramètres sont évalués sur l'adjudicateur. Nous remarquons qu'il y a une grande différence

Nous remarquons qu'il y a une grande différence entre le TGR/HTTP (0,045 sec) et le TGR/BD (0,028 sec) qui peut s'expliquer par les temps de communication et des temps de formatage des données depuis le programme C vers l'interface *PHP*. Il serait possible d'optimiser cette partie de la bibliothèque: notre souci principal pendant l'implémentation étant fonctionnel, nous ne sommes pas particulièrement focalisés sur les performances.

4.2.3. Troisième mesure

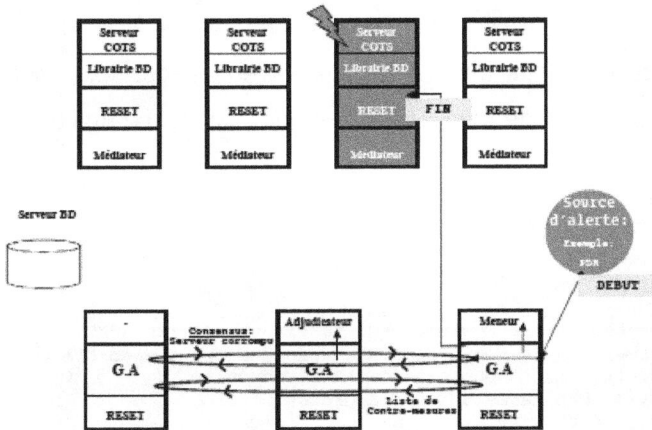

Figure 4.12 : Evaluation du temps de réponse à une alerte : cas d'un serveur corrompu

Dans cette partie, nous nous sommes intéressés au temps de réaction du système à une alerte dénonçant un serveur corrompu. Cette mesure débute à la réception de l'alerte par l'un des mandataires et se termine au redémarrage de ce serveur.

Ce test a été réalisé à l'aide d'un programme simulant une alerte déclenchée par le PDR (Protocole de Défi-Réponse) et envoyée aux moniteurs correspondants sur tous les mandataires. Le but étant d'évaluer le temps de réponse du système à une alerte, nous avons choisi une alerte qui fait basculer directement l'état du composant de correct à corrompu pour pouvoir évaluer ce temps immédiatement (une alerte d'un IDS n'aurait pas eu d'effet immédiat). Le premier mandataire qui reçoit l'alerte entame un protocole d'accord sur le composant accusé. Ce protocole finit par un échec ou par un accord sur la corruption du composant suspect selon la rapidité d'émission de l'alerte par les PDR des autres mandataires. Nous tenons compte seulement des exécutions qui aboutissent à une décision commune sur la corruption de ce composant.

Le test se déroule comme suit:

```
t1 : DEBUT : le moniteur PDR reçoit une alerte «SERVEUR S
corrompu» / le moniteur PDR envoie une requête au MPA pour
exécuter un protocole d'accord à propos de S
t2 : le MPA lance un vote à propos de S
t3 : fin du vote
t4 : le MPA reçoit la seconde réponse (AGREE/DISAGREE) des
autres mandataires
t5 : envoi du résultats aux autres mandataires
(MAJORITY/CONSENSUS/NO_MAJORITY)
t6 : le MPA sollicite le GPT²² pour générer la liste des
contre-mesures (CH_RG:3#UNTRUST:S#RESET:S#PDR:10)
t7 : le GPT envoie la liste des contre-mesures aux autres
mandataires
t8 : le GPT envoie la liste à l'exécuteur
t9 : l'exécuteur envoie l'ordre d'isolation de S au module
spécifique local (meneur/adjudicateur)
t10 : l'exécuteur change la fréquence du vérifieur PDR
local
t11 : l'exécuteur envoie l'ordre redémarrage à S
t12 : FIN : le GA reçoit un message de S l'informant qu'il
a redémarré
```

Le tableau 7 présente une estimation des 3 temps d'exécution suivants:

- TPA = t5-t1: représente le Temps du Protocole d'Accord correspondant à la durée allant depuis la réception de l'alerte (DEBUT sur la figure 4.12) jusqu'à la détermination de la décision de la majorité des mandataires vis-à-vis de cette alerte;

- TIS = t9-t1: représente le Temps jusqu'à Isolation du Serveur correspondant à la durée depuis la réception de l'alerte jusqu'à l'envoi des messages au *meneur* et *adjudicateur* pour ajouter ce serveur à la liste des serveurs corrompus. À partir de cet instant, le *meneur* et l'*adjudicateur* n'accepteront aucune interaction avec ce serveur;

- TGRA/SC = t12-t1: représente le temps Global de Réponse à l'Alerte dans le cas d'un Serveur *Corrompu* correspondant à la durée allant depuis la réception de l'alerte jusqu'à la fin du redémarrage de ce serveur (FIN sur la figure 4.12). Après redémarrage, le serveur envoie un message aux gestionnaires d'alerte des mandataires pour les informer qu'il a redémarré.

	TPA	TIS	TGRA/SC
Moyenne	0,341 sec	0,344 sec	73,2 sec
Min	0,00616 sec	0,00876 sec	70,3 sec
Max	1,010 sec	1,015 sec	75,8 sec

Tableau 7 Détails du traitement d'une alerte concernant un serveur corrompu

Notons que le TGRA/SC moyen est très important (73,2 sec) parce qu'il inclut le redémarrage de la machine qui dure en moyenne 68 sec. Nous remarquons, aussi, que l'écart entre le minimum (0,00616 sec) et le maximum (1,010 sec) du TPA est important. Cette différence est due à la latence de propagation de l'alerte entre les mandataires. En fait, un mandataire qui reçoit une demande de vote à propos d'un serveur qu'il considère correct ne répond pas tout de suite pour dire qu'il n'est pas d'accord mais attend avec un délai fixe puis revérifie l'état du serveur accusé dans ses tables pour répondre en conséquence.

La différence entre la fin du vote et l'isolation du serveur est très petite, étant donné que la première contre-mesure exécutée sur le *meneur* et l'adjudicateur est l'envoi de l'ordre d'isolation du serveur corrompu au module spécifique local.

Ainsi, nous concluons que le temps de répondre à une alerte avec redémarrage d'un serveur corrompu est acceptable compte tenu de la rareté de l'événement. De plus, ce temps est quasiment équivalent au temps d'un redémarrage normal pour des raisons de «rajeunissement» de logiciel.

4.3. Conclusion

En absence d'attaques, les performances du système restent acceptables par rapport à un serveur standard (non protégé). En effet, le déploiement de l'architecture provoque un surcoût de 26% en régime simplex et 45% en régime duplex sur le temps de traitement global d'une requête pour un fichier *html* de 44 Ko (taille raisonnable pour un fichier *html*). Le coût supplémentaire ajouté par le déploiement de notre bibliothèque pour accéder à la base de données représente en moyenne 2 fois le coût en temps de traitement de la requête par une bibliothèque standard ce qui est acceptable étant donné que l'intégrité est une propriété critique de notre système. En ce qui concerne le traitement des alertes, le système réagit assez vite puisqu'en moyenne l'isolement du composant corrompu intervient après une durée de 0,34 sec, principalement due à l'importance de la latence de propagation de l'alerte par le mécanisme de détection. Le minimum de cette durée est de 9 ms, ce qui correspond à une exécution sur un composant déjà déclaré corrompu par la majorité.

Conclusion générale

Bilan

Dans ce livre, nous avons proposé une architecture générique tolérant les intrusions pour serveurs Internet. L'architecture répond à trois exigences fixées au préalable: 1) l'architecture est basée sur des composants COTS qui sont susceptibles d'inclure des failles de sécurité puisque ces composants n'ont pas été conçus pour des systèmes critiques; 2) les propriétés critiques des systèmes cibles sont l'intégrité et la disponibilité et il faut donner des garanties sur ces propriétés; 3) un compromis satisfaisant entre la sécurité et les performances doit être trouvé.

L'architecture est basée sur les principes de redondance avec diversification afin de renforcer les capacités du système à faire face aux attaques. En effet, une attaque vise généralement des failles spécifiques à un certain système d'exploitation, à une certaine application logicielle ou à une certaine plateforme matérielle et s'avère souvent inefficace pour les autres. Notre architecture est basée sur trois niveaux de diversification: plateforme matérielle, système d'exploitation et logiciel. Par conséquent, une même attaque peut difficilement corrompre tous nos serveurs simultanément. La diversification renforce la robustesse du système face aux attaques alors que la redondance augmente la disponibilité du système.

Notre architecture comprend plusieurs serveurs Web sur étagère (COTS) redondants et diversifiés, et un ou plusieurs mandataires assurant la politique de tolérance aux intrusions. L'originalité de cette architecture réside dans son adaptabilité. En effet, nous utilisons un niveau de redondance variable qui s'adapte au niveau d'alerte dans le système selon une politique définie en fonction du niveau de criticité du système cible. Ainsi, on optimise l'utilisation des ressources matérielles et logicielles du système dans les périodes «calmes» où il n'y a pas beaucoup de danger pour le système. Dès la détection d'anomalies dans le système où la réception d'information à propos de nouvelles attaques qui se propagent sur Internet, le système bascule dans des régimes de fonctionnement plus sévères où les performances sont sacrifiées pour obtenir plus de sécurité.

Nous avons présenté deux variantes de cette architecture destinées à différents systèmes cibles. En effet, une première version mono-mandataire a été développée à SRI pour des systèmes statiques où les mises à jours sont effectuées hors-ligne. Nous avons développé une deuxième version multi-mandataires et gérant les données dynamiques. Pour mettre en œuvre cette deuxième version, nous avons développé une nouvelle politique de tolérance distribuée sur tous les mandataires ainsi qu'une nouvelle version du gestionnaire d'alerte intégrant ces modifications. Une nouvelle version du *Meneur* a été mise en œuvre pour intégrer les communications avec l'*Adjudicateur*, le *Médiateur* et le gestionnaire d'alerte local. Nous avons ajouté à l'architecture ces deux derniers modules pour permettre des accès plus sûrs à la base de données. Ces deux composants ainsi que la bibliothèque spécifique d'accès à la base de données permettent de garantir l'intégrité des données dans un tel contexte en différenciant les requêtes légitimes des tentatives de corruption. De plus, nous avons développé des vérifieurs en ligne pour le *Meneur* et l'*Adjudicateur* permettant de vérifier que ces composants, essentiels pour la sécurité et le fonctionnement du système, agissent selon le comportement attendu. Ainsi, cette technique permet de s'assurer que le code exécuté est le code original et non pas un code malveillant inséré lors d'une tentative d'intrusion réussie. Par ailleurs, nous avons complété les règles SNORT pour intégrer les nouveaux composants de l'architecture.

Notre architecture prévient, détecte et tolère aussi bien les fautes accidentelles que les attaques. En effet, le *meneur* et l'*adjudicateur* jouent un rôle important dans la prévention des attaques. De plus, nous avons augmenté la robustesse des mandataires en désactivant les services superflus. Nous déployons aussi un système de détection tolérant les intrusions. Ainsi, l'architecture comprend des mécanismes de détection complémentaires et diversifiés qui permettent de surveiller les mandataires et les serveurs d'application. L'objectif de nos travaux est de mettre en œuvre une architecture tolérant les intrusions, les mécanismes de redondance avec diversification permettent de tolérer une minorité de serveurs corrompus ou une minorité de mandataires corrompus.

Nous avons montré la faisabilité de notre architecture, en implémentant un prototype (présenté dans le chapitre 4) dans le cadre d'un exemple d'une agence de voyages sur Internet. Les premiers tests de performances ont été satisfaisants, les temps de traitements des requêtes est acceptable ainsi que le temps de réponse aux alertes.

Perspectives

Notre objectif était de développer une architecture tolérant les intrusions qui soit générique indépendante du domaine applicatif. Dans ce mémoire, nous avons considéré l'exemple d'un serveur Web mais il peut être remplacé par d'autres services ou applications (par exemple un serveur *ftp*) sans modification de l'architecture. Seul un effort peut être nécessaire pour adapter la bibliothèque d'interfaçage avec la base de données avec des langages autres que *php*. Il serait intéressant de développer d'autres prototypes utilisant d'autres serveurs COTS. Une telle étude permettrait d'évaluer effectivement la généricité de l'architecture, de fournir des éléments précis sur son application à d'autres services et de donner des estimations sur les performances envisageables selon les services considérés. En outre, une étude de la capacité de l'architecture à s'adapter à des systèmes de très grande taille (passage à l'échelle ou «*sacalability*») permettrait d'évaluer effectivement les limites de l'architecture de point de vue robustesse et performances dans de ce contexte.

Nous nous sommes limités jusque-là à une évaluation qualitative des mécanismes de tolérance aux intrusions mis en oeuvre. Il serait intéressant de procéder à une évaluation quantitative et expérimentale de la sécurité de notre architecture. L'utilisation de modèles et de méthodes d'évaluation quantitative de la sécurité pour les mécanismes de tolérance aux intrusions serait la prochaine étape pour valider l'architecture. Dans notre groupe, des travaux sont en cours sur la définition de tels modèles et méthodes.

Nous avons effectué quelques tests pour évaluer les performances du système dont les premiers résultats étaient présentés dans le chapitre 4. Une étude plus poussée devrait être faite dans les prochaines semaines afin d'évaluer le système dans diverses situations intéressantes pour observer concrètement la réalité du compromis sécurité/performances. Notamment, il est intéressant d'étudier les cas de corruption du *meneur* et de l'*adjudicateur* et d'évaluer le temps du remplacement de chacun de ces deux composants critiques pour le fonctionnement et la sécurité de l'architecture. C'est un paramètre important pour évaluer la disponibilité du système puisque ce temps correspond à une durée d'indisponibilité du système pendant lequel il est incapable de répondre aux requêtes des clients.

Il reste aussi quelques questions ouvertes, notamment en ce qui concerne le déterminisme d'exécution d'une requête *http*: en effet, d'après les tests effectués jusquelà, nous remarquons qu'effectivement un même script (*php* dans ce cas) qui s'exécute sur différentes plateformes et avec différents serveurs Web se déroule exactement de la même façon. Mais il faudrait effectuer une étude plus formelle pour valider l'hypolivre que l'exécution d'une requête *http* complexe (script CGI, script Perl, script ASP, etc.) se déroule toujours exactement de la même façon sur n'importe quel serveur Web non défaillant.

Bibliographie

[Abghour 04] N. Abghour, "Schéma d'autorisation pour les applications réparties sur Internet", Livre de l'Institut National Polytechnique, Toulouse, Rapport LAAS N₀ 04327, 2004

[Abou El kalam 03] A.Abou El Kalam, "Modèles et politiques de sécurité pour les domaines de la santé et des affaires sociales", Livre de l'Institut National Polytechnique, Rapport LAAS N₀ 03578, Toulouse, 2003

[Abou El kalam et al. 02] A.Abou El Kalam, Y.Deswarte, D.Powell, "Etat des lieux sectoriel, conceptuel et terminologie en sécurité pour les systèmes d'information et de communications en santé et social", Rapport LAAS N° 02268, Projet RNRT. MP6, 2002

[Anderson 80] J.P. Anderson, "Computer Security Threat Monitoring and Surveillance", Technical Report, James P Anderson Co., Fort Washington, 1980.

[Anderson et al. 81] T. Anderson, P.A. Lee, "Fault Tolerance : Principles and Practice", Prentice Hall, 1981.

[Anley 02] C. Anley, "Advanced sql injection in sql server applications", Rapport technique, Next Generation Security Software. 2002.

[Avizienis 78] A. Avizienis, "Fault Tolerance, the Survival Attribute of Digital Systems", Proceedings of the IEEE, vol. 66, no. 10, 1978

[Bell et al. 76] D. E. Bell et L. J. Lapadula, "Secure Computer Systems: Unified Exposition and Multics Interpretation", Tech. Report, N°MTR-2997 (EDS-TR-75-306), The MITRE Corporation, 1976

[Biba 77] K. J. Biba, "Integrity Consideration for Secure Computer Systems", Technical Report, N°ESD-TR 76-372, 1977

[Blain et al. 90] L. Balin et Y. Deswarte, " Intrusion-tolerant security servers for Delta-4", ESPRIT Conference 90, Bruxelles, 1990

[Blain 92] L. Blain, "La tolérance aux fautes pour la gestion de la sécurité dans les Systèmes Répartis", Livre de l'Institut National Polytechnique devToulouse, Rapport LAAS n° 92011, 1992

[Brewer et al. 89] D. Brewer and M. Nash, "The Chinese wall security policy", In IEEE Symposium on Security and Privacy, Oakland, 1989

[Bronstein et al. 01] Alexandre Bronstein, Joydip Das, Marsha Duro, Rich Friedrich, Gary Kleyner, Martin Mueller, Sharad Singhal, Ira Cohen,

[Cachin 00] C. Cachin, K. Kursawe et V. Shoup, "Random oracles in Constantinople : Practical asynchronous Byzantine agreement using cryptography", in Proc. of the 19th ACM Symposium on Principles of Distributed Computing, 2000.

[CC 99] Common Criteria for Information Technology Security Evaluation   Norme ISO 15408 - Part 2: Security fonctional requirements , 1999

[Chérèque et al. 92] M. Chérèque, D. Powell, P. Reynier, J.-L. Richier, J. Voiron, "ActiveReplication in Delta-4", Proc. 22nd Int. Conf. on Fault-Tolerant Computing Systems (FTCS-22), pp. 28-37, Boston, USA, 1992

[Cheung et al. 99] S. Cheung, R. Crawford, M. Dilger, J. Frank, J. Hoagland, K. Levitt, J.Rowe, S. Staniford-Chen, R. Yip, and D. Zerkle, "The Design of GrIDS. A Graph-Based Intrusion Detection System," 1999, http://www.cs.ucdavis.edu/research/tech-reports/1999/CSE-99-2.pdf

[Clark et al. 87] D.D. Clark et D.R. Wilson, "A Comparison of Commercial and Military Computer Security Policies", in Proc. Int. Symp. on Security and Privacy, Oakland, 1987

[Cowen et al. 98] C. Cowan, P. Wagle, C. Pu, S. Beattie et J. Walpole, "Buffer overflows: Attacks and defenses for the vulnerability of the decade", DARPA Information Survivability Conference and Exposition. Janvier 2000.

[Cuppens et al. 99] F. Cuppens and C. Saurel, "Towards a formalization of availability and denialof service", In Information Systems Technology Panel Symposium on Protecting Nato Information Systems in the 21st Century, Washington, 1999

[Cuppens 00] F. Cuppens, "Modélisation formelle de la sécurité des systèmes d'informations", Habilitation à Diriger les Recherches, Université Paul Sabatier, 2000

[Dacier 93] M. Dacier, "A Petri Net Representation of the Take-Grant Model", in Proc. Computer Security Foundation Workshop VI, Franconia, USA, pp.99-108, 1993.

[Dacier 94] M. Dacier, "Vers une Evaluation Quantitative de la Sécurité Informatique", Livre de l'Institut National Polytechnique de Toulouse, Rapport LAAS N° 94-488, 1994

[d'Ausbourg 94] B. d'Ausbourg, "Implementing Secure Dependencies over a Network by Designing a Distributed Security SubSystem", in Third European Symposium on Research in Computer Security, Brington, 1994

[Debar et al. 98] H. Debar, M. Dacier et A. Wespi, "Refrence audit information generation for intrusion detection systems", in Proc. IFIPSec 98, Vienna, Austria, 1998

[Denning 86] D. Denning, "An intrusion-detection model", In IEEE Symposium on Security and Privacy, Oakland, USA, 1986

[Deswarte et al. 91] Y. Deswarte, L. Blain et J-C. Fabre, "Intrusion Tolerance in Distributed Computing Systems", in Proceedings of Symposium on Research in Security and Privacy, Oakland, 1991

[Deswarte et al. 99] Y. Deswarte, K. Kanoun et J-C. Laprie, "Diversity against accidental and deliberate faults", Computer Security, Dependability, & Assurance: from needs to solutions, IEEE Computer Society, Eds. P.Ammann, B.H.Barnes, S.Jajodia, E.H.Sibley, N°ISBN 0-7695-0337- 3, 1999

[Deswarte et al. 02] Y. Deswarte, N. Abghour, V. Nicomette et D. Powell, "An Intrusion-Tolerant Authorization Scheme for Internet Applications", in Internationnal Conference on Dependable Systems

&Networks (DSN'2002). Workshop on Intrusion Tolerant Systems, (Washington, USA), pp.C1.1-C1.6, 23-26 juin 2002.

[Deswarte et al. 03] Y. Deswarte, et L. Mé, "La sécurité des systèmes d'information et de communication, in Sécurité des réseaux et des systèmes répartis", (Yves Deswarte & Ludovic Mé, eds), Traité IC2, Hermès, ISBN : 02- 7462-0770-2, 2003

[Deswarte et al. 03b] Y. Deswarte, J-J. Quisquater et A. Saidane, "Remote Integrity Checking", 6th IFIP TC-11 WG 11.5 Working Conference on Integrity and Internal Control in Information Systems (IICIS'2003), Lausanne Suisse, 2003

[Fabre et al. 92] J.-C. Fabre, B. Randell, "An Object-Oriented View of Fragmented Data Processing for Fault and Intrusion Tolerance in Distributed

Systems", in Proc. European Symposium in Computer Security (ESORICS'92), pp. 193-208, Toulouse, 1992.

[Fischer et al. 85] M. Fisher, N. Lynch and Paterson, "Impossibility of Distributed Consensus with one Faulty Process", Journal of the ACM, 1985

[Forrest et al. 96] S. Forrest, S.A. Hofmeyr, A. Somayaji, T.A. Longstaff, "A Sense of Self for Unix Processes", in Proc. of the IEEE Symposium on Security and Privacy, Oakland, 1996

[Fraga et al. 85] J. D. S. Fraga et D. Powell, "A Fault and Intrusion-Tolerant FileSystem", in 3rd International Congress on Computer Security, IFIPSec 85, Dublin, Irlande, 1985

[Fray et al. 86] J.-M. Fray, Y. Deswarte, D. Powell, "Intrusion-Tolerance Using Fine-Grain Fragmentation-Scattering", in Proc. IEEE. Symposium on Security and Privacy, Oakland, USA, 1986.

[Gardarin 03] G Gardarin, "Bases de données", livre, Edition Eyrolles, 5e tirage 2003 tables des matières: http://www.eyrolles.com/Chapitres/9782212112818/Tdm_gardarin.p df

[Gligor 83] V. D. Gligor, "A note on the denial-of-service problem," in Proc. IEEE Symp. Security and Privacy, Oakland, 1983.

[Harrison et al. 76] M.A. Harrison, W.L. Ruzzo et J.D. Ullman, "Protection in Operating Systems", Com. of the ACM, vol. 19, no. 8, pp. 461-471, 1976.

[ITSEC 91] ITSEC, Information Technology Security Evaluation Criteria, Office for Official Publications of the European Communities, N° ISBN 92-

[Jones et al. 76] A. K. Jones, R. J. Lipton et L. Snyder, "A Linear Algorithm for Deciding Security", in Proc. 17th Annual Symp. on the Foundation of Computer Science, Houston TX, 1976

[Joseph et al. 88] M.K. Joseph et A. Avizienis, "A Fault Tolerance Approach to Computer Viruses", of the IEEE Symposium on Security and Privacy, Oakland, USA, 1988.

[Kim et al. 93] G.H. Kim et E.H. Spafford, "The Design and Implementation of Tripwire: a File System Integrity Checker", Technical Report CSDTR-93-071, Computer Science Dept, Purdue University, 1993

[Koga et al. 82] Y. Koga, E. Fukushima et K. Yoshihara, "Error Recoverable and Securable Data Communication for Computer Networks", Proc. of the 12th Symposium on Fault-Tolerant Computing (FTCS-12), pp. 183-186, Santa-Monica, USA, 1982.

[Lamport 81] L. Lamport, "Password Authentication with Insecure Communication", Comunications of the ACM, 24(11), pp. 770-772, 1981

[Lampson 71] B. W. Lampson, "Protection", Proceedings of the 5th Annual Princeton Conference on Information Sciences and Systems, 1971

[Landwehr et al. 94] Carl E Landwehr, Alan R Bull, John P McDermott, and William Choi, "A Taxonomy of Computer Program Security Flaws, with Examples", ACM Computing Surveys, 1994

[Laprie et al. 04] J.C. Laprie, "Sûreté de fonctionnement des systèmes : concepts de base et terminologie", Rapport LAAS N°04520, 2004

[Laprie et al. 96] J-C. Laprie, J. Arlat, J-P. Blanquart, A. Costes, Y. Crouzet, Y. Deswarte, J-C. Fabre, H. Guillermain, M. Kaaniche, C. Mazet, D. Powell, C. Rabéjac et P. Thévenod., "Guide de la Sûreté de Fonctionnement", 2ème édition (Cépaduès), ISBN : 2.85428.382.1,1996

[Levy et al. 02] Joshua Levy, Hassen Saidi, Toms E. Uribe, "Combining monitors for run-time system verification", in Electronic Notes in Theoretical Computer Science, 2002

[Luenam et al. 02] P. Luenam, P. Liu, "The Design of an Adaptative Intrusion Tolerant Database Server", IEEE workshop on Intrusion Tolerant Systems, 2002.

[MAFTIA 02] N. F. Neves, P. Verissimo et al., "Complete Specification of APIs and Protocols for the MAFTIA Middleware", 2002, http://www.research.ec.org/maftia/delivrables/D9.pdf

[MAFTIA 03] David Powell, Robert Stroud et al., "Conceptual Model and Architectureof MAFTIA",2003, http://www.maftia.org/deliverables/D21.pdf

[MAFTIA 03b] Ian Welch, John Warne, Peter Ryan, Robert Stroud, et al., "Architectural Analysis of MAFTIA's Intrusion Tolerance Capabilities", 2003 http://www.maftia.org/deliverables/D99.pdf

[Mé et al. 01] L. Mé, Z. Marrakchi, C. Michel, H. Debar et F. Cuppens, "La detection d'intrusion : les outils doivent coopérer", Revue de la REE, Mai 2001

[Millen 92] J. K. Millen, "Resource allocation model for denial of service", Proceedings of the Symposium on Research in Security and Privacy, Oackland, 1992

[NBS 93] "Data Encryption Standard" - Federal Information Processing Standard, Report no. FIPS-46-2, National Bureau of Standards (NBS), U.S. 1993.

[NCSC 87] NCSC, "Trusted Network Interpretation of Trusted Computer Security Evaluation Criteria", National Computer Security Center, Rapport technique n° NCSC-TG-005, 1987

[Neumann et al. 99] P. Neumann and P. Porras, "Experience with EMERALD to Date", First USENIX Workshop on Intrusion Detection and Network Monitoring, 1999

[Norman 83] D. Norman, "Design Rules Based on Analyses of Human Error", Com. of the ACM, vol. 26, no. 4, pp. 254-258, 1983.

[Parker 92] D. B. Parker, "Restating the foundation of information security", Proceedings of the Eighth International Conference on Information Security, Netherlands, 1992

[Pescatore 02] J. Pescatore, "High-Profile Thefts Show Insiders Do the Most Damage", Gartner Inc. http://www.waveset.com/Features/inside_threat.html

[Rabin 89] M.O. Rabin, "Efficient Dispersal of Information for Security, Load Balancing and Fault Tolerance", Journal of the ACM, vol. 36, no. 2, pp. 335-348, 1989.

[Randell et al. 86] B. Randell et R.H. Campbell, "Error Recovery in Asynchronous Systems", IEEE Transactions on Software Engineering, Volume 12, Issue 8, pp 811-826, IEEE Computer Society, ISSN: 0098-5589, 1986

[RFC 2616] http://www.ietf.org/rfc/rfc2616.txt

[RFC 2965] http://www.ietf.org/rfc/rfc2965.txt

[Rivest et al. 1978] R.L. Rivest, A. Shamir et L. Adleman, "A Method for Obtaining Digital Signatures and Public Key Cryptosystems", Com. of the ACM, vol. 21, no. 2, pp. 120-126, 1978.

[Roesch 01] M. Roesch, "SNORT " http://www.snort.org

[Rothstein 99] B. Rothstein, "Majority Algorithm Solution" http://www.ugcs.caltech.edu/~brothste/majority.pdf

[Saidane et al. 03] A. Saidane, Y. Deswarte et V. Nicomette, "An intrusion tolerant architecture for dynamic content internet servers", ACM Workshop on Survivable and Self-Regenerative Systems, Fairfax USA, 2003

[Sandhu 92] R.S. Sandhu, "The Typed Access Matrix Model", in Proc. Int. Symp. On Research in Computer Security and Privacy, Oakland, 1992

[Sandhu 96] R.S. Sandhu, E. Coyne, H. Freinstein et C. Youman, "Role-Based Access Control Models", IEEE Computer, vol.29, no.2, pp.38-47, février 1996

[Shamir 79] A. Shamir, "How to Share a Secret", Com. of the ACM, vol. 22, no. 11, pp. 612-613, 1979.

[TCSEC 85] TCSEC, Trusted Computer System Evaluation Criteria, Department of Defence, USA, DoD 5200.28-STD, décembre 1985.

[Totel 98] E. Totel, "Politique d'intégrité multiniveau pour la protection en ligne de tâches critiques", Livre de l'Institut National Polytechnique, Rapport LAAS N°98533, Toulouse, 1998

[Trouessin 00] G. Trouessin, "Towards Trustworthy Security for Healthcare

InformationSystems", CESSI/CNAM, Report, N°GT/2000.03, 2000

[Valdes et al. 00] A. Valdes and K. Skinner, "Adaptive Model-based Monitoring for Cyber Attack Detection", Lecture Notes in Computer Science, Number1907, Recent Advances in Intrusion Detection (RAID 2000), Springer- Verlag, Toulouse, 2000

[Valdes et al. 02] A. Valdes, M. Almgren, S. Cheung, Y. Deswarte, B. Dutertre, J. Levy, H. Saïdi, V. Stavridou et T. Uribe, "An Adaptative Intrusion-Tolerant Server Architecture", in Proc. 10th International Workshop on Security Protocols, Cambridge, 2002

[Wang et al. 01] F.Wang, F.Gong, C. Sargor, K. Goseva, K. Trivedi et F. Jou, "A Scalable Intrusion Tolerance Achitecture for Distributed Server", IEEE 2nd SMC Information Assurance Workshop, 2001

[Wong 02] D. Wong, "Building Secure Systems" http://www.securityfocus.com/infocus/1596

[Wylie et al. 00] J.J. Wylie, M.W. Bigrigg, J.D. Strunk, G.R. Ganger, H. Kiliccote et

P.K. Khosla, "Survivable Information Storage Systems", IEEE computer 3(8):61-68, 2000.

[Zend] http://www.zend.com

Annexe A

La vérification en ligne

Rappelons que le but de la vérification en ligne est de garantir qu'un processus donné se comporte selon ses spécifications et cela pendant l'exécution du programme. Pour cela, nous avons modélisé le comportement du *meneur* et de l'*adjudicateur* sous forme d'une machine à états et nous avons instrumenté le code des deux processus afin de récupérer leur état courant. À chaque changement d'état, nous vérifions si la transition entre l'état courant et le nouvel état existe dans l'automate modélisant le processus. Si la transition n'existe pas, cela signifie que le processus a dévié de son comportement prévu et une alerte est déclenchée par le vérifieur en ligne et un protocole d'accord est lancé pour déterminer l'état de cette machine (corrompue ou non).

Les mandataires assurent deux fonctions relatives respectivement au fonctionnement du système et à la protection du système. La fonction relative au fonctionnement du système correspond au traitement des requêtes des clients. Pour le vérifieur en ligne, nous nous sommes limités à la modélisation de cette première fonction. En effet, l'autre fonction relative à la protection du système est assurée par les gestionnaires d'alertes (GA), qui traitent entre autres les alertes générées par le vérifieur en ligne. Si nous développons un vérifieur en ligne pour le GA, il est difficile de gérer le comportement de chaque GA sur tous les mandataires puisqu'il devrait gérer des alertes sur la gestion d'alerte. Néanmoins, il est possible d'envisager une vérification locale de chaque GA, déclenchant un arrêt immédiat en cas de détection d'anomalie.

La figure A.1 représente l'automate correspondant à l'*adjudicateur*. En particulier, il modélise la gestion des requêtes d'accès à la base de données. Une requête d'accès à la base de données n'existe que dans le cadre d'une requête *http*. Cet automate représente le traitement d'une requête *http* et la gestion des requêtes d'accès à la base de données (*SQL*) qui y sont incluses. On aura donc autant d'automates à vérifier que de requêtes *html* en cours de traitement. Donc un état est toujours relatif à une requête *http* donnée, l'état global de l'adjudicateur par rapport au vérifieur en ligne est A_CORRUPTED ou A_TRUSTED.

L'adjudicateur est en permanence en attente d'un message du *meneur* l'informant de l'acceptation d'une nouvelle requête *http* ou de la terminaison d'une requête *http* en cours:

- A la réception d'un message relatif à une nouvelle requête *http*, un *thread* est créé pour gérer les requêtes d'accès à la base de données relatives à cette requête *http*. Un automate est créé pour suivre l'évolution de cette requête *http* du point de vue de l'adjudicateur: 1) état initial est (A_WAIT_POSS_SQL) qui correspond à l'attente des requêtes possibles d'accès à la base de données relatives à cette requête *http*. L'état final[23] correspond (A_END_HTTP) qui peut être atteint dans trois cas: 1) la requête se termine normalement par la réception d'un message du *meneur* signalant sa terminaison, 2) la durée de vie de l'IDR a expiré (A_RID_EXPIRED), 3) un problème avec le *meneur:* cela peut survenir quand l'*adjudicateur* ne parvient pas à identifier une majorité, il demande alors au *meneur* de solliciter un autre serveur pour traiter la requête. Si le *meneur* ne répond pas correctement à la requête de *l'adjudicateur*, ce dernier termine la requête *http* parce qu'il est incapable de la traiter.

- À la réception d'un message du GA, l'adjudicateur exécute l'ordre correspondant: 1) changement de régime (A_NEW_REGIME) ou 2) isolement de certains composants (A_CORRUPTED_LIST).

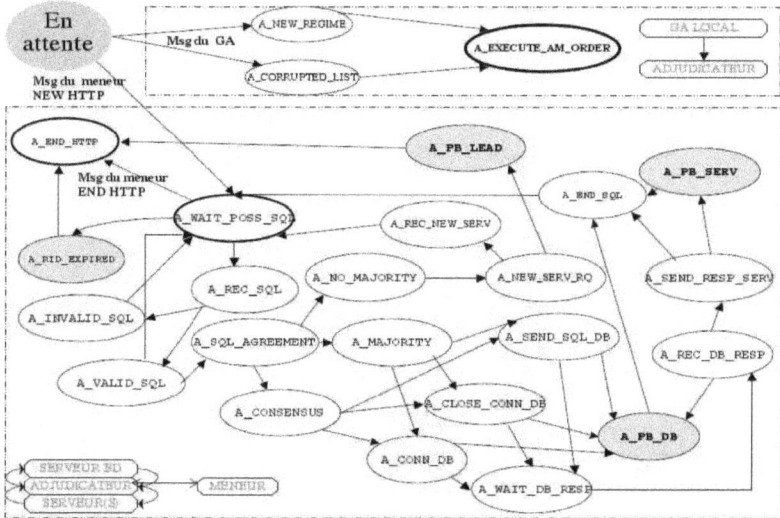

Figure A.1 Automate modélisant le fonctionnement de *l'adjudicateur*

Dans le cadre d'une même requête *http*, plusieurs requêtes *SQL* peuvent s'exécuter. Par exemple, prenons le script *php* suivant:

Figure A.2.a: $dbase = mysql_connect($serveur, $login, $passwd);

Figure A.2.b: mysql_select_db("test", $dbase); Figure A.2.b: $result = mysql_query("select * from table1", $dbase); Figure A.2.c: mysql_close($dbase);

Chacune de ces commandes est traitée comme une requête SQL complète. Ainsi, à chacune de ces étapes, l'*adjudicateur* exécute un protocole d'accord pour valider la requête avant de l'exécuter réellement sur la base de données.

Figure A.2.a Connexion à la base de données

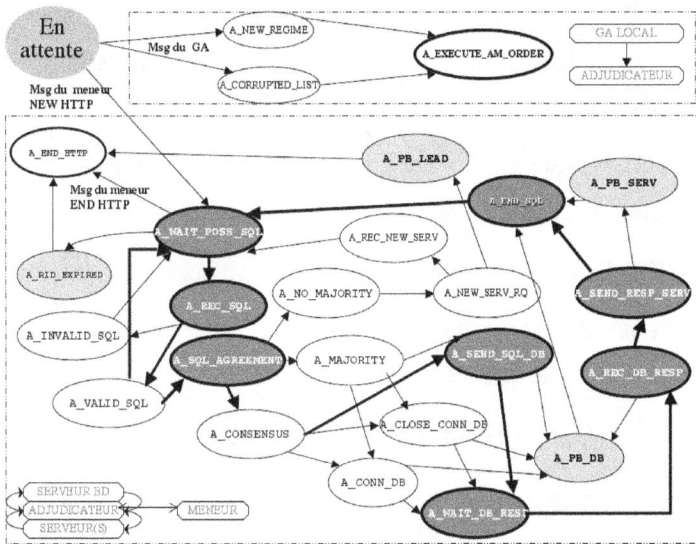

Figure A.2.b Exécution d'une requête sur la base de données

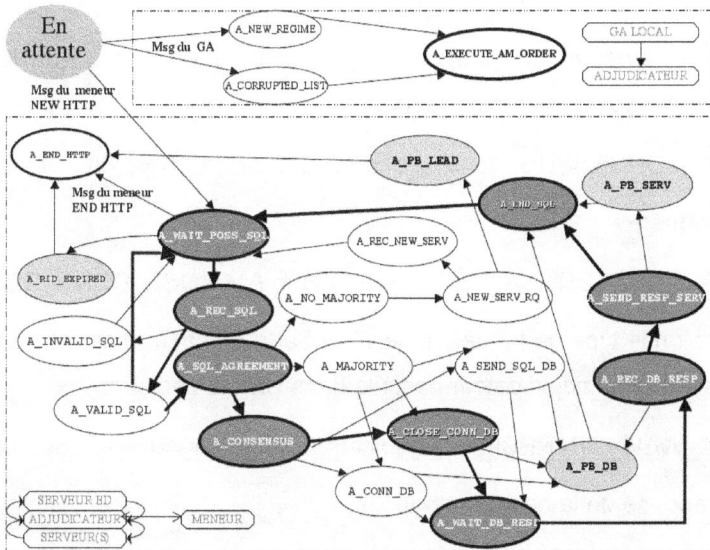

Figure A.2.c Fermeture de la connexion à la base de données

Les figures A.2.a, A.2.b et A.2.c montrent le déroulement normal dans trois types de requêtes d'accès à la base de données. Cela correspond aux états:

- A_WAIT_POSS_SQL: l'adjudicateur est en attente des requêtes d'accès à la base de données.

- A_REC_SQL: la réception d'une requête d'accès à la base de données permet le passage dans cet état pour vérifier la syntaxe de cette requête.

- A_VALID_SQL: la requête reçue est valide.

- A_SQL_AGREEMENT: l'adjudicateur lance un protocole d'accord sur les requêtes reçues. Cet état est atteint en deux cas: 1) la réception de requêtes de tous les serveurs d'application sollicités pour traiter la requête *http*, 2) le délai fixe (*timeout*) expire mais l'adjudicateur a reçu plus que la moitié des requêtes correspondantes.

- A_CONSENSUS: tous les serveurs ont envoyé la même requête.

- A_CONN_DB / A_SEND_SQL_DB / A_CLOSE_CONN_DB: selon le type de requête envoyée et agréée par la majorité des serveurs, l'adjudicateur bascule dans l'un de ces états.

- A_WAIT_DB_RESP: l'adjudicateur est en attente de la réponse de la base de données.

- A_REC_DB_RESP: l'adjudicateur reçoit la réponse de la base de données.

- A_SEND_RESP_SERV: l'adjudicateur envoie la réponse aux serveurs.

- A_END_SQL: cela correspond à la fin de la requête d'accès à la base de données.

www.ingramcontent.com/pod-product-compliance
Lightning Source LLC
Chambersburg PA
CBHW021038210326
41598CB00016B/1065